Cette recherche a fait l'objet d'un tirage sur microfiche dans *Archives et Documents* de l'Institut d'Ethnologie du Muséum National d'Histoire Naturelle (microfiche n° 80 02 56, - 1980). Le texte en a été revu et corrigé pour la présente édition.

LE CORPS ANDROGYNE

l'habitation au Burundi

AGENCE DE COOPÉRATION CULTURELLE ET TECHNIQUE
(A.C.C.T.)

EGALITÉ, COMPLÉMENTARITÉ, SOLIDARITÉ

L'Agence de Coopération Culturelle et Technique, organisation internationale créée à Niamey en 1970, rassemble des pays liés par l'usage commun de la lanque française à des fins de coopération dans les domaines de l'éducation, des sciences et des techniques et, plus généralement, dans tout ce qui concourt au développement des Etats Membres et au rapprochement des peuples.

PAYS MEMBRES

Belgique, Bénin, Burundi, Canada, République Centrafricaine, Comores, Côte-d'Ivoire, Djibouti, Dominique, France, Gabon, Haïti, Haute-Volta, Liban, Luxembourg, Mali, Ile Maurice, Monaco, Niger, Rwanda, Sénégal, Seychelles, Tchad, Togo, Tunisie, Vanuatu, Viêt-nam, Zaïre.

ETATS ASSOCIES

Cameroun, Guinée-Bissau, Laos, Mauritanie.

GOUVERNEMENTS PARTICIPANTS

Nouveau-Brunswick, Québec.

ORALITÉ - DOCUMENTS
5

Anne STANFORD

LE CORPS ANDROGYNE

l'habitation au Burundi

Publié avec le concours
de l'AGENCE DE COOPÉRATION CULTURELLE ET TECHNIQUE
1982

ISSN : 0220-746-X
ISBN : 2-85297-139-9

Dépôt légal : janvier 1983

SELAF – 5, rue de Marseille - 75010 Paris
Tél. 208-47-66

LE CORPS ANDROGYNE

l'habitation au Burundi

SOMMAIRE

CARTE I

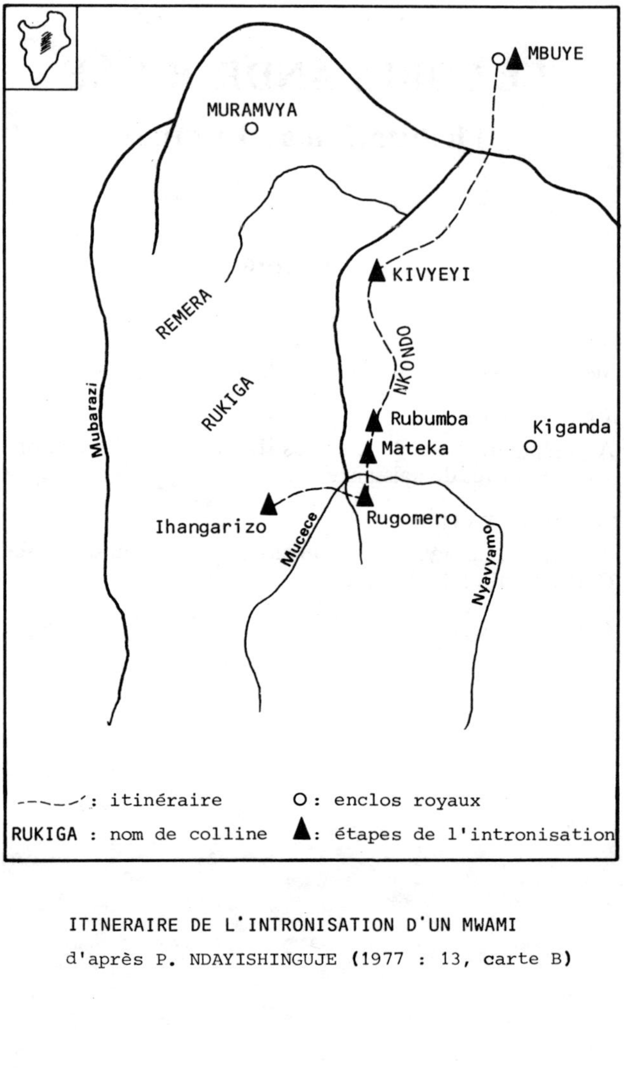

ITINERAIRE DE L'INTRONISATION D'UN MWAMI

d'après P. NDAYISHINGUJE (1977 : 13, carte B)

REMERCIEMENTS

Je tiens à remercier les personnes qui m'ont aidée au cours de ce travail.

Tout d'abord, je suis très reconnaissante envers G. Calame-Griaule et Luc Bouquiaux qui ont bien voulu en accepter la direction et m'ont continuellement soutenue de leurs précieux conseils.

Je remercie également R. Luneau, D. Paulme qui m'ont plusieurs fois donné leur avis, J.P. Chrétien qui m'a aidée dans la recherche et a même mené une enquête pour moi, et F. Rodegem qui a également favorisé ma recherche et m'a accordé plusieurs entretiens.

Je remercie aussi Yves Goudet qui a réalisé pour moi des enquêtes et Mme Laarman qui a suivi de près la rédaction de cet ouvrage.

Enfin, je suis très heureuse de remercier les Barundi eux-mêmes, sans qui cette recherche n'aurait pu être réalisée.

Premièrement, M. Paul Bacumi qui nous a été fidèle pendant toute notre recherche, M. Grégoire Birihanyuma qui a fourni des renseignements importants et a rapporté des contes du pays; H. Ntahomvukiye, spécialiste des interdits et P. Siriba qui a expliqué la vie des pasteurs.

Beaucoup d'autres informateurs m'ont aidée au cours des années. Je leur suis très reconnaissante et, plus spécialement, à celui qui m'a fait la première enquête sur la maison et qui s'intéressait lui-même au rapprochement entre la maison et le corps humain.

CARTE II

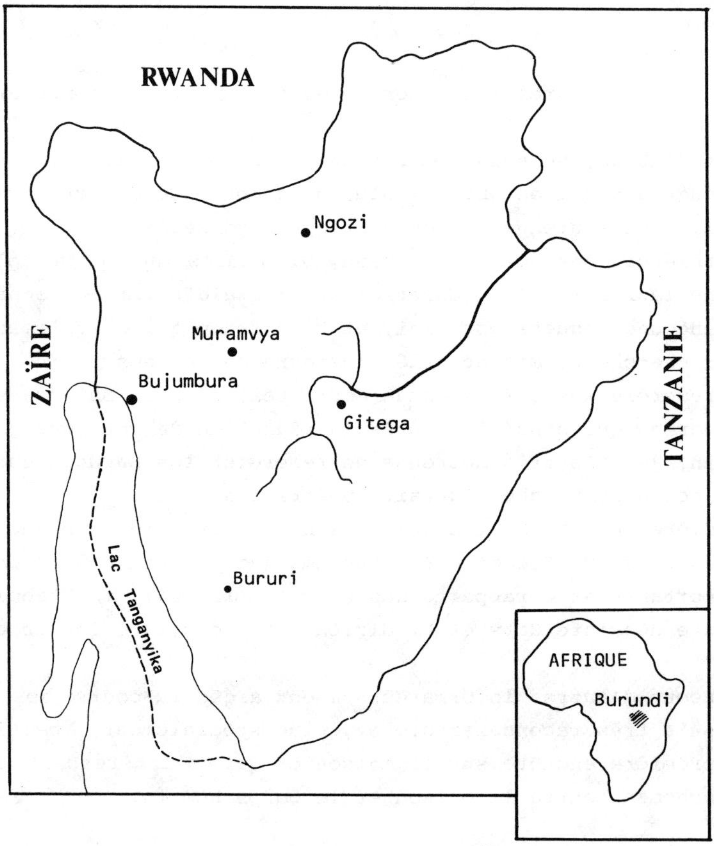

LE BURUNDI

I. INTRODUCTION

Ce travail porte sur la maison traditionnelle au Burundi et, plus spécifiquement, sur la recherche de sa signification symbolique.

Dans ce but, nous avons étudié les différentes parties qui la composent, les techniques de construction de chaque partie et rassemblé les données ethnologiques, linguistiques et littéraires qui s'y rapportent.

Au début de nos recherches, la situation de la femme au Burundi, au sein de sa famille et dans sa société, occupait le centre de nos réflexions. A la fin de notre séjour sur le terrain, nous avons jugé plus intéressant d'associer une étude de la femme avec celle de la maison, représentation de son propre corps.

En étudiant le *Dictionnaire rundi-français*[1] de F. RODEGEM (1970), nous avons remarqué des classifications de termes autour d'un même radical, l'ensemble constituant "une famille de mots". Le radical, non-attesté (**-gor-**), "être courbé, galbé" attira spécialement notre attention. Il donne naissance aux vocables qui signifient "palais", **ingóro**, "femme", **umugóro**, et "couronne", **urugóri**, etc. (RODEGEM, 1970 : 122-123). Notre point de départ a été la réflexion suivante : y a-t-il un rapport entre ces trois entités ? Autrement dit, la maison est-elle liée à la femme par le fait que toutes les deux présentent des formes rondes ?

A partir de cette première hypothèse nous nous sommes mise à chercher tous les renseignements possibles au sujet de la maison et, par

---

[1]Toutes les références à cet ouvrage faites ci-dessous le seront sous la simple mention DRF suivie du numéro de la page citée, par ex. (DRF 122-123) pour (RODEGEM, 1970 : 122-123) *infra*.

la suite, nous avons exploré le thème de la rondeur lié à la femme dans une étude sur la maison (STANFORD, 1974).

Le présent ouvrage, est le fruit de ces premiers essais mais avec un approfondissement de la méthodologie et des données.

Notre travail a été rendu difficile par l'impossibilité de retourner au Burundi pour effectuer de nouvelles enquêtes. Il en est résulté que la plus grande partie de notre recherche a dû être fondée sur des enquêtes faites par les Barundi, dans le pays-même, et sur des entretiens avec les Barundi vivant à Paris.

Dans le chapitre sur la méthodologie, nous expliquerons notre façon d'utiliser la richesse de la langue, le kirundi, et de la littérature comme une autre source d'information importante pour notre thèse.

A. Méthodologie

Notre méthode relève essentiellement de l'ethnolinguistique. Nous avons cherché la relation entre la langue et la pensée, nous dirions même entre la langue et la vision du monde telle qu'elle se présente à l'esprit de ce peuple.

Outre les mots privilégiés à cet égard, nous avons étudié les expressions, métaphores et, d'une manière générale, tous les éléments de la langue à l'intérieur du contexte culturel comme, par exemple, les habitudes du pays.

Remarque - Le Rwanda et le Burundi ayant une culture commune, qu'il s'agisse de la langue, des croyances, des objets et de la forme de la maison, avec quelques variantes minimes entre les deux pays, nous nous sommes sentie autorisée à puiser aussi dans la culture du Rwanda.

Cette manière de procéder nous a laissé entrevoir un monde symbolique. Différentes parties de la maison désignaient autre chose qu'elles-mêmes et la maison, vue comme un tout, était en effet un symbole d'une autre réalité.

Pour préciser davantage notre technique de travail, nous expliquerons d'abord la façon selon laquelle les mots ont été étudiés. Langue très imagée, nous rapporte ZUURE (1932 : 24), elle dépeint plus qu'elle n'analyse. Il fallait donc retrouver l'image présentée par un vocable et la préciser en la comparant aux termes sémantiquement proches ou encore l'insérer dans toute la famille de mots pour retrouver le concept ou l'image générique.

Prenons, par exemple, le terme **irêmbo** "entrée de la cour" (DRF 347). Au premier abord, on pense avoir affaire à l'entrée dans sa totalité mais, en le comparant au terme dérivé, **kurêmburura** "enlever les barres de protection" (DRF 347), on remarque qu'il met l'accent sur l'espace restant, une fois les barres enlevées. En regardant de nouveau la traduction exacte de **irêmbo** "entre les pieux que l'on barre pour la nuit" (DRF 347), nous remarquons qu'elle aussi met l'accent sur cet espace. Le rite par lequel la femme passe par **irêmbo** pour faire naître son enfant à la société ajoute à cette notion d'espace l'idée d'un corps humain.

Un autre exemple de notre manière d'élargir le concept traité se trouve dans le mot **umuzi**, "racine" (DRF 571), qui désigne aussi le rebord en argile entourant les trois pierres du foyer. La force de l'image contenue dans le sens "racine" nous amène à supposer une idée d'enracinement. Le foyer même est aussi désigné par le terme **izîko** (DRF 575) (de même famille que **umuzi**), provenant de **kuzīka** "enfouir sous la terre ... piocher ... enterrer" (DRF 576), ce qui confirme la première donnée.

Une deuxième approche dans l'utilisation de la langue a été l'étude des termes décrivant certaines parties de la maison. Tous ceux qui désignent la cour et ses parties révèlent une notion d'espace que nous n'aurions pas remarquée de prime abord. Le terme **urugó** qui décrit la propriété, l'enclos et l'avant-cour, montre qu'il s'agit d'une série de cercles, liés par le même vocable; notre analyse du thème **-go** le met dans la catégorie des choses de forme arrondie.

Remarque - Que le terme soit attaché à plusieurs choses nous semble indiquer un rapprochement, sinon une identité, entre ces lieux.

On peut comparer cette image à celle que suggèrent d'autres termes concernant la cour, **intǎhwa**, qui désigne l'endroit où se trouvent les vaches, par rapport au verbe **gutāhwa** "être rentré (dans la ruche)" (DRF 465). Le symbole de la ruche rejoint celui qui est présenté dans le premier cas.

Dans le cadre de cette même analyse, nous avons remarqué que les préfixes ajoutés à ce thème changent la catégorie des espaces désignés. Ainsi, **urugó** s'oppose à **ikigó** par la différence de préfixe : **uru-** (2ème classe), **iki-** (7ème classe) et, en réalité, la cour **ikigó** désigne bien un tout autre espace que **urugó**.

La manière dont s'expriment nos informateurs nous a parfois aidée à préciser certains concepts. L'un affirmait avec insistance que **irêmbo** était une extension de la palissade de la cour **urugó**, ce qui ne nous paraissait pas évident. Or, dans les maisons construites aujourd'hui selon le style traditionnel, la palissade est fabriquée plutôt comme une cloison et simplement repliée à l'extrémité pour faire les "piliers" de **irêmbo**.

La littérature a été notre plus riche source de symboles, surtout les devinettes. Dans l'analyse des devinettes, nous avons cherché les équivalents directs entre les deux termes de la question et de la réponse. Par exemple :

> **Nturutse mu nsí y'urugó n'umva Rwogéra aravúgiriza**
> **Urushuǔnzi mu cyaǎnsi**
>
> - *Je viens de l'enclos aval et j'entends Rwogéra siffler.*
> - *Le jet de lait dans le pot.* (BOUCHARLAT, 1975 : 121).

La série de correspondances est la suivante :

enclos aval/pot : Rwogera siffler/le jet de lait

La correspondance ainsi établie entre les deux groupes élargit notre vision du monde rundi, plus spécialement au sujet du lait (sujet que nous traitons) et des objets entourant le lait.

Ainsi, nous avons découvert que **irêmbo** "entrée de la cour" est aussi le "col d'une marmite", ou que **umutǔmba** la "colline" peut être une "tige" comme un chalumeau.

Les devinettes nous ont amenée à développer ces images. Revenons à l'exemple de **irêmbo**, vu comme le col d'une marmite ou comme une ouverture dans une graine de sorgho, ce terme suggère que la cour, **urugó**, dont **irêmbo** est la sortie, est perçue comme une forme ronde totalement fermée.

En restant fidèle aux images, nous croyons découvrir une pensée poétique qui semble respecter plus l'unité des choses que leurs parties. Comme l'explique M. Konka, du Cameroun :

> La logique africaine dans son esprit traditionnel même est le passage du "tout" au "tout" et de ne pas diviser une chose comme ferait l'esprit occidental. (Entretien avec M. KONKA, Paris, 15 décembre 1975).

On sera peut-être étonné de ne pas trouver ici de références aux ouvrages sur le symbolisme ou la psychanalyse. Notre objectif n'était pas de travailler dans ces perspectives mais, plutôt, de respecter une méthode inductive où toute image ou idée provienne de l'expression des Barundi eux-mêmes.

De plus, nous avons conservé sans les approfondir beaucoup de détails qui n'appartenaient pas spécifiquement à l'étude de la maison objet de notre travail, dans le but d'inspirer d'autres recherches sur d'autres sujets.

Dans notre analyse de la langue, nous avons rencontré certains termes employés de manière analogique (ou métaphorique) dont nous présentons ici la description.

Terme noble

Le terme noble fournit une autre entrée dans la vision du monde des Barundi. Langage de la cour royale, il représente une réalité par une autre. Par exemple, pour désigner "la jambe du roi" on dit **inyundo** "le marteau" (DRF 302). Ce qui indique, nous semble-t-il, dans l'esprit des gens, une relation entre les deux entités : jambe et marteau. Dans notre travail, nous utilisons l'exemple du vocable **umugǎmba** "rive, berge" qui, dans le langage de la cour, signifie "pot à lait" (DRF 97). Cette relation nous semble créer l'image d'une vallée dont les deux rives forment un récipient ressemblant à un pot.

Sens néologique

Nous étudions d'abord le sens original d'un terme et ensuite son sens néologique, s'il existe. Comme le deuxième sens se réfère à une situation actuelle qui nous est plus familière, (par exemple, "vacciner" **gukinga** est plus connu que **gukinga** "fermer l'entrée") (DRF 226), nous saisissons mieux les éléments mis en valeur et nous pouvons mieux comprendre le premier sens par la suite.

Quasi-homonymes

Il existe, en **kirundi**, des quasi-homonymes qui se distinguent par une différence de tonalité et ne sont pas sémantiquement apparentés.

Pourtant, certains proverbes et devinettes jouent sur un rapport de sens neutre, comme dans le cas d'**umuryango** "famille" et **umuryângo** "porte/vestibule" dans le proverbe suivant :

Umuryângo uva ku muryângo

- *La famille provient de la porte* (SK : 306, 297 3).

De ce fait, nous nous sentons autorisée à relever une relation inconsciente qui pourrait justifier le rapprochement des deux termes.

Informateurs

Nous avons travaillé presque exclusivement avec des Barundi, une cinquantaine de personnes au moins, vivant dans le pays même ou à Paris. La plupart étaient jeunes, (âge moyen de trente ans), avec une formation universitaire. Ils étaient tous bilingues français et kirundi; mais ils avaient eu aussi l'expérience de la vie traditionnelle avant d'entrer dans le système scolaire.

Durant nos séjours sur le terrain nous avons réussi à avoir des entretiens avec des vieillards par l'intermédiaire de ces mêmes jeunes Barundi qui servaient d'interprètes. Les renseignements fournis précisaient les détails sur l'ancien mode de vie au Burundi.

Tout au long de notre recherche, nous avons gardé par correspondance le contact avec les informateurs vivant dans le pays.

Remarque - Pour des raisons techniques, nos séjours sur le terrain ont été de courte durée et peu fréquents : une première fois quatre mois, la deuxième visite a eu lieu six ans plus tard et nous a permis de vérifier toutes nos données.
Bien qu'une expérience de terrain si limitée nous ait empêché d'avoir une vue plus directe de la vie quotidienne, nous avons compensé ce manque en travaillant avec des Barundi en Europe ou au Burundi et nous avons davantage pu nous consacrer à une étude plus approfondie de la langue des points de vue linguistique et sémantique.

B. La langue

Au Burundi, il n'y a qu'une seule langue, le **kirundi**, parlée par toutes les ethnies. Le français sert de deuxième langue pour les scolarisés.

Le **kirundi** est une langue à tons.

Remarque - "Le système de tonalité utilisé (dans le dictionnaire) est celui de A.E. MEEUSSEN, Conservateur au Musée Royal, Tervuren, Belgique". (RODEGEM, 1967 : 5).

Il appartient linguistiquement au groupe bantu et il est spécialement apparenté au **kinyarwanda** du pays voisin, le Rwanda, et au **ha**, au sud, en Tanzanie, régions avec lesquelles le Burundi partage une culture commune.

Remarque - "Classé en D 62 par M. GUTHRIE, J 62 par A.E. MEEUSSEN". (AR 23).

Il existe en kirundi "16 sortes de mots" spécifiés par le "préfixe nominal" ou le "préfixe verbal", etc. (RODEGEM 1967 : 13). En tant que langue bantu, ces mots sont formés par agglutination :

> Le procédé de formation des mots dans les langues bantu est essentiellement l'agglutination. C'est pour cela qu'une méthode d'analyse fondée sur la fragmentation peut être appliquée (GUTHRIE 1967b : 11, Trad. A. STANFORD).

Nous en voyons un exemple en kirundi avec le "préfixe nominal" de umuntu "être humain", composé du thème -ntu, d'un préfixe nominal classificateur -mu- et d'un augment, u- (RODEGEM 1967 : 14).

Le kirundi est une langue à classes. Pour certaines classes, le contenu sémantique est relativement clair :

Préfixe

Cl.1	mu-	Noms d'être raisonnables.
Cl.2	ba-	Pluriel de la précédente.
Cl.3	mu-	Beaucoup de noms d'arbres et de plantes.
Cl.4	mi-	Pluriel de la précédente.
Cl.5	i-, ri-	Objets inanimés divers; exprime aussi les dérivés verbaux, un sens temporel, une manière de faire.
Cl.6	ma-	Pluriel des Cl. 5, 9a, 14 et 15. Elle comprend de nombreux noms de liquides (toujours au pluriel); elle a parfois un sens péjoratif.
Cl.7	ki-	Divers substantifs.
Cl.8	bi-	Pluriel de la Cl. 7.
Cl.9, 10	n-, i-	Mots divers.
Cl.12	ka-	Peu de mots, mais sert à former tous les diminutifs et à exprimer divers sentiments de : modestie, ironie, éloge.
Cl.14	bu-	Certains mots abstraits.

D'une façon plus concrète, nous voyons que le thème -ntu, par exemple, peut être affecté par toute une série de préfixes qui en précisent ou en nuancent le sens.

Cl.1	u-mu-ntu	"un être humain, un homme"
Cl.2	a-ba-ntu	"des êtres humains"
Cl.7	i-ki-ntu	"être matériel, chose"
Cl.8	i-bi-ntu	"êtres matériels, choses"
Cl.11	ru-ntu	"humainement (en locution)"
Cl.12	a-ka-ntu	"petite chose"
Cl.13	u-tu-ntu	"petites choses"
Cl.14	u-bu-ntu	"humanité, bonté, bienveillance"
Cl.15	a-ha-ntu	"un lieu"
Cl.16/17	u-ku-ntu	"la manière d'être (RODEGEM 1967 : 124-127).

Le verbe peut comporter un radical et huit autres éléments spécifiant ce radical : pré-initiale, initiale, post-initiale, marque du temps, infixe(s), radical, suffixe(s), finale, post-finale.

Nous avons l'exemple suivant :

Ntibakimuvugirako

"Ils ne parlent plus en sa présence"

Nti-ba-ki-mu-vug-ir-a-ko

nti- négation ordre
ba- sujet préfixe
ki- marque de temps
mu- complément
VUG- RADICAL (Le *thème* comprend le radical et la finale)
-ir compléments du radical
-a finale aspect
-ko compléments circonstantiels de lieu
(RODEGEM 1967 : 41-43)

Nous présentons aussi les suffixes qui font partie des "éléments du mot". Selon RODEGEM (*Entretien*, Bruxelles, 1974) ils fournissent "un jeu de morphèmes".

Suffixes (RODEGEM 1967 : 146).

Suffixe	*Dénominatif*	*Sens*
-ir-	applicatif	(-er- si la voyelle précédente est o ou e) sens : compléments circonstantiels de lieu, de temps : *à, sur,* etc. exprime aussi *en faveur de, pour.*
-y-	causatif	en contact avec -r/d devient -z-; *faire, au moyen de, à l'aide de,* etc.
-iriz-	intensif-causatif	applicatif plus causatif; *faire pour* (erez- après o ou e, voir 6.3.5)
-ish-	causatif	(esh- après o ou e) *faire faire, avec tel instrument, ...*
-ik-	causatif positif	(ek- après o ou e) *faire par tel acte précis; avec tel résultat*
-ik-	causatif neutre	exprime un état; *se faire; être facile à.*
-am-	statif	*être dans tel état, telle situation.*
-an-	réciproque	*mutuellement, ensemble ...* réciprocité.
-anw-	réciproque causatif	au passif *être causé mutuellement.*
-w-	passif	action subie
-ur- -ur-	inversif transitif	exprime l'action contraire à celle que désigne le radical (devient -or- après o)
-uk- -uk-	inversif transitif	indique l'état auquel on aboutit en faisant le contraire de l'action désignée par le radical.
-agir-	intensif-amplitif	action ample ou fréquente (suivi de complément éventuel)

Suffixe	*Dénominatif*	*Sens*
-agar-	intensif- intransitif	exprime une action répétée (sans complément)
-agur-	intensif- répétitif	action répétée

En ce qui concerne les termes en rapport avec le Burundi, les habitants du pays s'appellent **umurŭndi**, **abarŭndi**, classe 1/2, la langue **ikirŭndi**, classe 7, et le pays, **Uburŭndi**, classe 14.

Dans l'écriture standard, ils sont notés :

Murundi, une personne, **Barundi**, plusieurs.
Kirundi, la langue et **Burundi**, le pays.

Présentation des ouvrages de F. RODEGEM

Pour faciliter l'emploi des notes, nous indiquons les sources de la façon suivante :

Dictionnaire	DRF - avec le mot traité
Sagesse Kirundi	SK
Anthologie Rundi	AR
Précis de Grammaire	PG
La Fête des Prémices	FP
La Motivation du Culte	MC
Un aspect du Culte de la Fécondité	ACF
et la revue publiée par	le Cercle Saint Paul au Burundi
Que vous en semble ?	QVS, suivie de son numéro

C. Le pays

Le pays étant déjà bien connu, contentons-nous de rappeler quelques faits à son sujet. Situé non loin de l'Equateur, entre les 3ème et 5ème degrés de latitude sud, et entre le 29ème et le 32ème degré de longitude est, ce petit pays couvre une surface d'environ 28 000 km^2. Il a des frontières communes avec la République du Rwanda au nord, le Zaïre, le lac Tanganyika à l'ouest et la République Unie de Tanzanie au sud-est. La capitale du Burundi est Bujumbura, au bord du Lac Tanganyika.

Il connaît un climat essentiellement équatorial, les saisons des pluies alternant avec les saisons sèches, ce qui donne environ six mois de sécheresse, et six mois de pluie. Néanmoins, le Burundi présente aussi une grande variété due à la diversité de ses régions. La plaine occidentale, **Imbo** dont une partie longe le lac Tanganyika, à une altitude de 800 à 1 500 mètres, est de climat tropical, ainsi que la zone déprimée orientale de Kumoso. Entre ces deux plaines, se dresse la grande crête Congo-Nil, qui s'étend du nord au sud, dans les régions de Nugamba et Burutusi dont l'altitude varie entre 1 300 et 2 200 m. Il y fait très froid, la nuit. A l'est le terrain prend progressivement de l'altitude vers les régions de Kirimiro et Buyogoma.

C'est un pays d'agriculture et d'élevage. On y trouve de nombreux bovins, ainsi que des poulets, des moutons et des chèvres. Parmi les produits agricoles, les céréales comme le sorgho et l'éleusine représentent la culture la plus ancienne. Aujourd'hui, on y cultive, en plus, une grande quantité de légumineuses : pois, arachides et haricots dont il existe au moins une centaine de variétés. C'est pourquoi le Burundi est parfois qualifié de "civilisation du haricot" (CHRETIEN 1974 : 4).

La population, qui compte 4 380 000 habitants, comprend trois ethnies : les Bahutu, les Batutsi, et les Batwa (pygmées). Les Bahutu représentent 85 % de la population. Traditionnellement, les Bahutu sont cultivateurs, les Batutsi pasteurs, les Batwa chasseurs et potiers.

Pendant des siècles, le Burundi fut gouverné par un roi, Mwǎmi, mais, en 1958, avec la création du parti politique, UPRONA, par le prince Rwagasore et avec l'élection de celui-ci en 1961 comme leader, les pouvoirs du roi furent très diminués et, finalement, abolis en 1966. Le Burundi est maintenant une république.

Quant à l'organisation sociale, elle ne comporte pas de villages; les familles se réunissent plutôt par colline. C'est une société patrilinéaire, patriarcale et patrilocale. L'homme a une voix importante dans toutes les décisions concernant la famille, les activités de la colline et, autrefois dans certains cas, la cour elle-même à laquelle il rendait visite chaque année.

En ce qui concerne la vie de famille, c'est une société essentiellement monogame : seuls, jadis, quelques hommes riches avaient plusieurs femmes. La mère s'occupe des enfants jusqu'à la puberté; le père prend alors le garçon en charge, la fille restant près de la mère. Il n'existe pas de rites d'initiation, ni d'excision ou de circoncision.

Remarque - Nos renseignements sont fondés essentiellements sur les oeuvres de F. RODEGEM et de J.P. CHRETIEN.

Nous voudrions maintenant présenter un récit sur la monarchie qui, selon nous, présente, en tant qu'institution, la clé de tout le symbolisme dans la vie des Barundi.

Récit du roi

Un jour, **Ntáro*** traversa le fleuve **Aramvambutsa**** pour pénétrer, **gusohora***** dans une région très vallonnée, située au coeur de l'Afrique et connue aujourd'hui sous le nom de Burundi. Il resta un certain temps sur le versant sud de la colline de **Nkoma****** et, plus tard, continua vers le sud du pays.

*Tour à tour, les souverains portaient les noms suivants et le cycle recommençait :
Ntáre (-**táre** "lion", du même **urutáre** "rocher", **igitáre** "tout objet clair"; DRF 476)
Mutâga "le jour, en plein jour" (DRF 463)
Mwêzi "beau comme le clair de lune" (DRF 85)
Nwambutsa (rapproché de **kwambuka** "traverser (un cours d'eau, un lac, un marais, à pied ou en barque)"... "passer la frontière", (DRF 7) qui doit s'exiler, semble-t-il, pour laisser le trône à **Ntáre**.
**Fleuve qui sépare le Rwanda du Burundi.
***Le verbe **gusuohora**, "entrer dans, pénétrer, arriver" (DRF 445).
****Nkoma, "mont situé au sud-est du pays" (AR 344).

Aujourd'hui encore, ce moment historique demeure marqué dans le souvenir des Barundi. A l'instauration* de chaque nouveau roi, **umwǎmi****, tout le Burundi se rassemble pour le commémorer, comme on le fit en 1915, quand le jeune roi Mwambutsa fut intronisé***.

*Vers la fin de la petite saison des pluies, mi-décembre, (NDAYISHINGUJE 1977 : 42).
De **kwâmira "porter du fruit à, féconder, être sans cesse à" (DRF 8).
***kwǐma "être intronisé" signifie aussi "être saillie, montée (femelle)" (DRF 189). On dit aussi : "monter sur le tambour".

"Dès la mort du **Mutaga***, un nouveau kraal fut spécialement construit pour l'héritier, à l'endroit coutumier, sur le versant est de la colline **RUKIGA****. Un peu en arrière du nouveau **rugo**, pouvait encore se voir le kraal abandonné de **MUTAGA** ... Plus vers le sommet du **RUKIGA**, se dressent toujours les Dragonniers, les Euphorbes, les Ficus du **rugo** de **Mwězi** ...

*Pour annoncer sa mort, on monte sur le toit et on proclame **Ijuru ryaguye**, "le ciel s'est effondré" ou "le lait est renversé" (NDAYISHINGUJE 1976 : 5).
****Urukíga**, "grand rocher" (DRF 224).

Deux ruisseaux coulent dans le bas-fond de **Rubumba***. Ce sont le **Mucece** et son affluent la **Nyavyamo****. Une foule immense, des milliers et des milliers de Batutsi (pasteurs) et de Bahutu (cultivateurs) se pressent aux environs. Le bétail, par centaines de têtes, tenu pendant plusieurs jours éloigné des abreuvoirs et assoiffé, mugit inlassablement. Voici le roi. Le cortège se forme, qui va descendre de la colline pour passer les rivières. D'abord viennent les tambours royaux***, les taureaux sacrés **Muhabura** et **Semasaka****** ornés de guirlandes.

***Urubûmba** provient de **kubûmba**, "façonner de l'argile ... arrondir" (DRF 44). Cette colline est plus basse que **Urukíga**.

**Selon nous, Mucece semble devoir être rapproché de gucéceka "se taire", "taire" (DRF 54).
Nya-, préfixe de perfection; vyamo nous semble provenir de ivyâmo, plus de icâmo, "hurlement", du radical -âm- "chassée par les cris" (DRF 9).
***Selon la légende, le premier tambour fut fabriqué avec la peau du taureau blanc (AR 338-339).
****Sêmasáka "Père du Sorgho"; taureau blanc : lors de l'intronisation, le roi s'asseyait sur ce taureau (FP 246).

Le roi vient ensuite, porté par Runyomvyi, qui tient en main deux lances sacrées, appelées NTARE et MWEZI...

Suit la foule innombrable. Ce sont d'abord les porteurs de ruches où sont enfermées des abeilles, puis des gens chargés de tous les produits agricoles du pays, ceux qui transportent des ustensiles à lait, pots et barattes, enfin, ceux armés de houes et de lances.

Les voici à la Nyavyamo. Un grand silence se fait dans la populace. Runyomvyi s'agenouille; l'enfant* descend il entre dans la rivière et la passe ...

*Le nouveau roi était généralement un enfant quand il montait sur le trône. L'histoire de la succession d'un roi au Burundi était complexe. Juste après la naissance du jeune prince, la reine-mère s'en allait avec lui s'installer ailleurs. A plusieurs reprises, on prenait l'empreinte du pied du roi dans la farine de sorgho rouge et on venait la comparer avec le pied de son fils. Quand celui-ci était assez grand pour la remplir, le fils pouvait se préparer à prendre le pouvoir. Cela impliquait aussi que son père commençait à diminuer, kwûma, "devenir sec" (DRF 528). On lui faisait boire du miel empoisonné pour qu'il laisse la place au jeune prince et le cycle recommençait "sans cesse" kwâmira (du même radical que umwǎmi "le roi", DRF 8). Il se tue pendant la saison sèche (NDAYISHINGUJE 1977 : 42). Le roi régnait avec la reine-mère, umugabékazi, et si jamais elle mourait, il fallait la remplacer par une femme de la même famille, du nom de Nyenúmugǎmba, car le roi ne régnait jamais sans la reine mère (de umugǎmba "rive, berge", TN "pot à lait", DRF 97).

Aussitôt, des milliers de gosiers retentit le "impudu" cri de joie, chanté en longueur ... puis le cortège se reforme et grimpe le versant du Rubumba, au nord de la Nyavyamo" (Selon SIMONS (1944), cité par NDAYISHINGUJE 1967 : 11-12).

Selon ce récit, le cortège se dirigeait vers diverses collines situées au nord, Muvyeyi et Nkondo*, jusqu'au tombeau du premier Ntare, pas trop loin du Rwanda. Les autres rois sont enterrés dans des tombeaux situés sur les collines, en descendant vers le sud : le roi Mwêzi est enterré au sud du Ntare, Mutâga au sud du Mwêzi, et ainsi de suite (J.P. CHRETIEN, com. pers., 1976).

*Umuvyêyi "géniteur, génitrice, parent" (DRF 552); c'est nous qui faisons le rapprochement.
Inkǒndo, pointe, extrémité"; dans la même famille des mots, umukǒndo, "nombril" (DRF 234).

Nous comprendrons ultérieurement toute la richesse symbolique de cette commémoration.

II. DESCRIPTION

A. Préparation

Tout au long des sentiers qui serpentent sur la colline, on voit des enclos, **urugó**, groupés par dix environ au milieu des bananiers, dont les entrées sont, en général, les unes en face des autres.

Disposés à partir du haut de la colline, **haruguru**, pour aller vers le bas, **hēpfó***, chacun entoure une hutte familiale de forme hémisphérique recouverte d'herbe et de paille, avec une seule entrée.

*Dans la colline, la langue distingue deux divisions : **haruguru** "le sommet" et **hēpfó** "le bas", ordinairement marécageux. Selon A. Boucharlat (1974 : 48), ces deux termes mettent en opposition le sommet et le marais. Cela semble le cas au Burundi car si la maison est construite sur un terrain plat, chose assez rare dans ce pays, le point d'orientation est le marais qui devient la direction **hēpfó**.

Autrefois, tout un clan prenait possession d'une colline, et la maison du chef occupait le sommet. Aujourd'hui les activités sont dirigées par **umukuru w'umutǔmba*** "le chef de la colline". Il s'appelle aussi **umukuru w'umuryango**, "le chef du clan ou de la famille" (Informateurs, Burundi, 1971).

*Le terme **umutǔmba** "colline", sert aussi à décrire "le tronc, bille, tige" et "le tronc de l'homme. Il provient du verbe **gutumba** "être gonflé, enflé; gonfler (cadavre)" (DRF 510).
On compare d'ailleurs la colline à une tige dans l'une des devinettes du Burundi :

Agosózi gatôyi kadūgáoa amâzi / umukenke
- Une petite colline qui fait monter l'eau.
- Le chalumeau (pour la bière)
(**agasózi**, DRF 451).

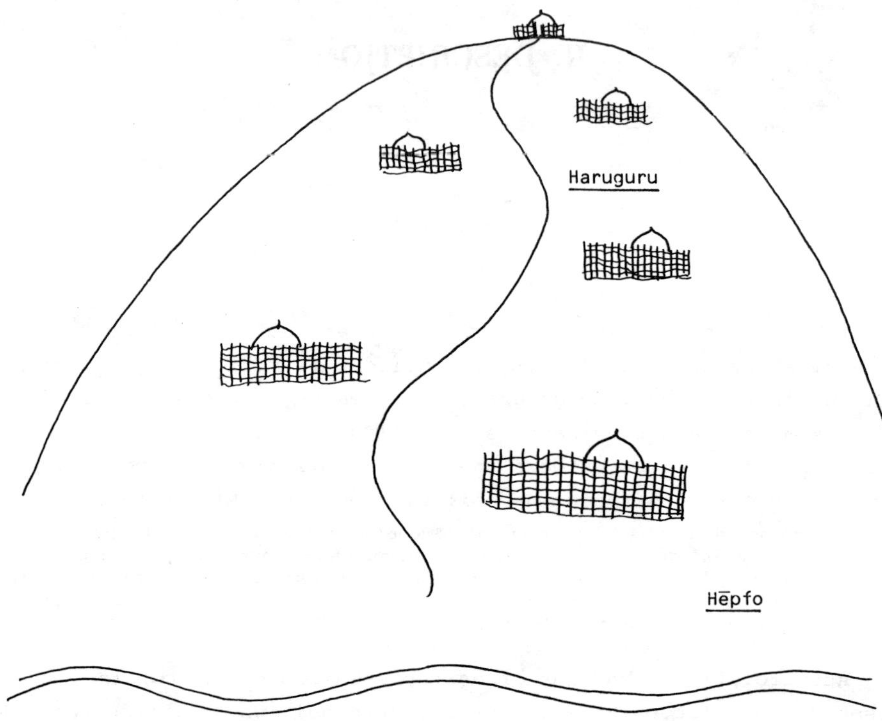

Fig. 1 - L'EMPLACEMENT DES MAISONS SUR LA COLLINE

Il n'y a qu'une seule hutte pour l'homme, sa femme et ses enfants. Si l'homme a plusieurs femmes, il construit une maison pour chacune d'elles en dehors de la première concession, sur une autre colline. Autrement dit, l'homme vit avec chaque femme et ses enfants dans une maison construite par lui, pour elle.

Quand l'un de leurs fils prend femme, il construit aussi une maison pour lui-même et sa nouvelle épouse à l'intérieur de l'**urugó** de son père où il vit pendant un certain temps. Plus tard, il quittera l'enclos familial et construira sur la colline mais plus bas que son père.

L'emplacement des maisons des fils mariés, à l'intérieur de l'enclos, respecte leur ordre de naissance. Le fils aîné construit sur la pente supérieure de l'avant-cour vers l'entrée de la cour, **irêmbo**. Le deuxième est sur la pente inférieure, aussi près d'**irêmbo**. Le troisième, sur la pente supérieure, près de la maison. Le quatrième sur la pente inférieure, près de la maison.

Si la pente est trop escarpée, la plupart de leurs maisons se trouvent sur la pente supérieure, en commençant près d'**irêmbo** (fig. 1).

La maison que nous allons étudier est, pour l'essentiel, celle d'un pasteur vivant dans la région du Muramvya.

Nos renseignements proviennent d'informateurs de toutes les régions du Burundi.

Avec tout ce que nous avons recueilli, nous essayerons donc de présenter une maison de pasteur en général.

Nous avons également des données sur la maison des cultivateurs, avec laquelle nous chercherons parfois à établir des comparaisons.

1. L'EMPLACEMENT

Quand il s'agit d'une installation nouvelle, un terrain est choisi en fonction de considérations pratiques : pas trop près du sommet pour éviter le vent et la foudre et pas trop près de la vallée pour éviter l'érosion. L'entrée de la maison donne sur le sentier pour les mêmes raisons.

Il ne faut pas choisir un emplacement au-dessus de l'endroit où habite un python de terre (**iviyasi**, **-hāsí-** "par terre", DRF 436), sinon on risque fort de faire mourir les membres de la famille. On dit que ce python est en opposition avec le python du marais (**inyamwônga**, **-umwônga-** "bas-fond, marais", DRF 309).

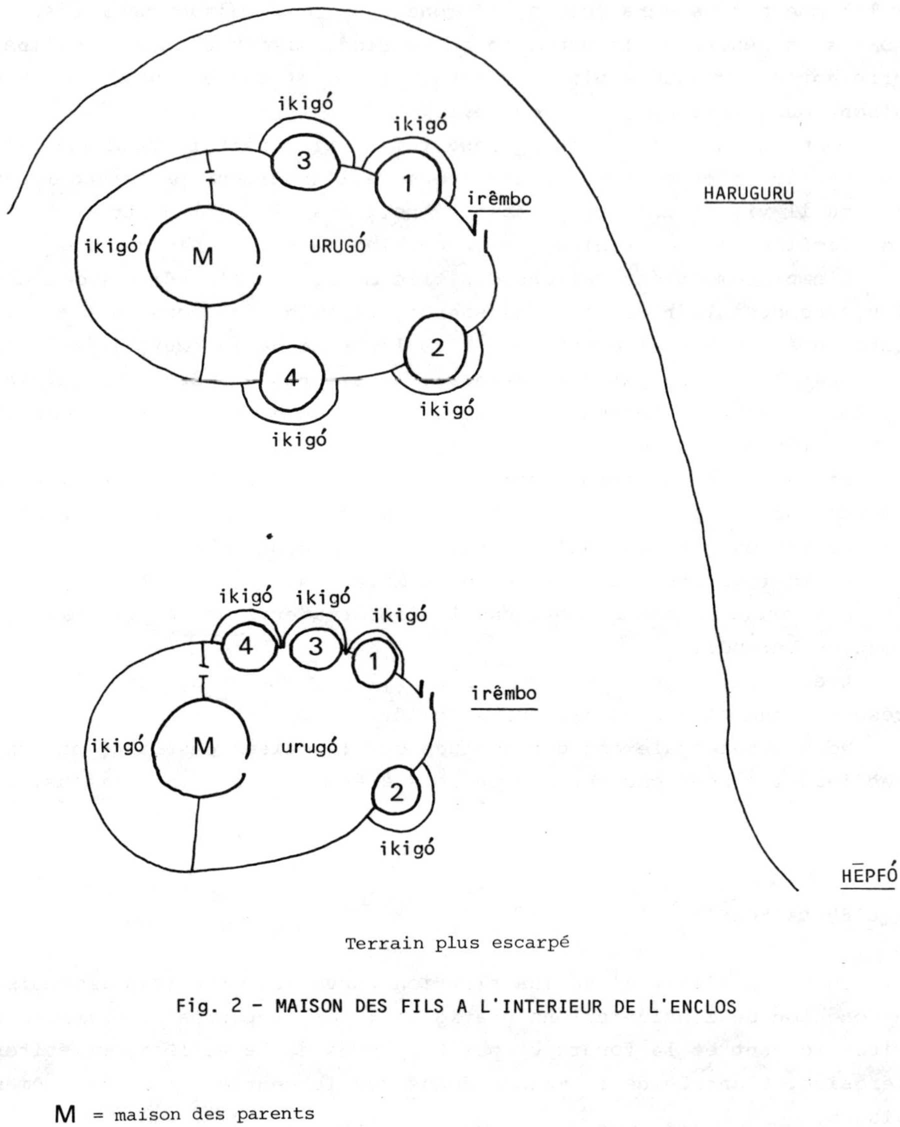

Terrain plus escarpé

Fig. 2 - MAISON DES FILS A L'INTERIEUR DE L'ENCLOS

M = maison des parents
1 = 1er fils
2 = 2ème fils
3 = 3ème fils
4 = 4ème fils

La famille rundi cherchera également par certains signes à s'assurer que ce terrain est le plus propice. La veille, quelqu'un plantera une branche de Ficus ancestral, **umumânda** (Sycomore).

Le lendemain, de bonne heure, on allumera un feu. On attend la bergeronnette, **inyámǎnza** (*Motacilla aguimp* L.), un oiseau messager d'**Imâna**. Si l'oiseau ne descend pas se poser sur le terrain, il faudra chercher ailleurs pour bâtir l'habitation.

Ensuite, on prendra la petite pierre mobile à moudre, **ingásīro** (DRF 105), et on la jettera par terre (cf. Photo 11).

Pendant le déroulement de ces rites, on boit de la bière de banane en fermentation; c'est la même bière qu'on prend lors de l'intronisation du roi.

Quand, à travers ces rites, se dégagent des signes favorables, on peut se livrer à l'occupation essentielle, celle de la construction de la case. Cela ne durera pas longtemps : l'espace d'une journée car elle doit être terminée avant la tombée de la nuit.
(Informateurs, Burundi, 1975).

La maison **inzu** se trouve située dans l'enclos **urugó**, à cheval sur les deux cours, **urugó** (le même nom que pour l'enclos) et **ikigó**. On a accès à tout l'enclos par l'entrée **irêmbo**. Les deux cours sont reliées par le passage **icanzo**. Il existe un deuxième **icanzo** qui relie **ikigó** à l'extérieur.

La maison, vue de l'extérieur, est constituée des parties suivantes : les deux saillies qui se projettent de chaque côté de l'entrée s'appellent **ikibero** "face externe de la cuisse" (DRF 32); à côté des cuisses, on trouve **umusáya** "tempe/mâchoire" (DRF 401). Le sommet de la maison est désigné par le terme **isunzu** "houppe, mèche de cheveux" (DRF 475). Parfois, on fiche tout en haut du toit un faîte également appelé **isunzu** (cf. Photo 9). Toute la partie arrière porte le nom **umugôngo** "le dos" (DRF 121). L'entrée, **umuryângo**, est composée de deux poteaux : **ibishímaryângo** et une voûte proéminente, **urukōmaryângo** (cf. Photo 4).

L'intérieur de la maison est divisé essentiellement en deux parties : le vestibule, **umuryângo**, et la partie intérieure, **haruguru**, qui contient le foyer, **izîko**, et la chambre à coucher, **uburiri**. Nous discuterons les détails de l'intérieur au fur et à mesure que nous les présenterons.

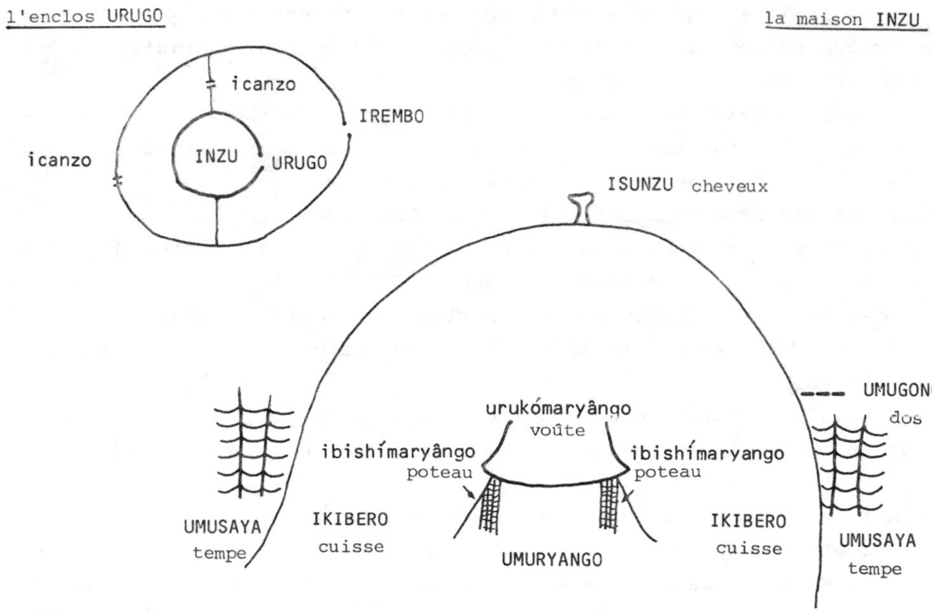

Fig. 3

Fig. 4 - INTERIEUR DE LA MAISON

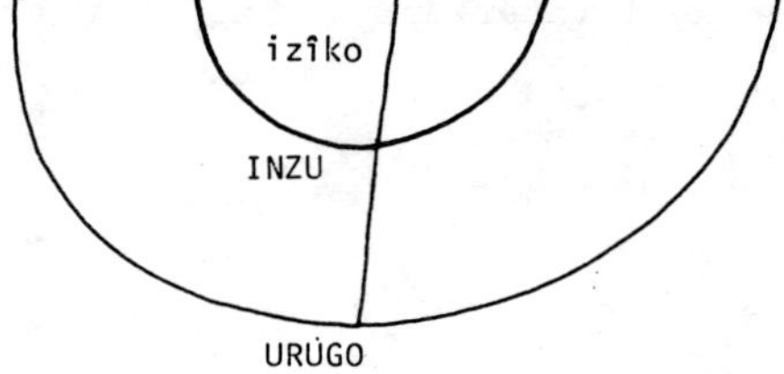

2. LA CONSTRUCTION

a. La maison

L'Extérieur

Les travaux de construction sont l'affaire des hommes, la femme s'acquittant uniquement des petites tâches qui consistent à procurer de la nourriture et de la boisson aux travailleurs, **abakózi**.

Pour construire la case hémisphérique du Burundi, on se sert des matériaux qui existent dans les environs, dans les marécages et dans la forêt : bois, herbes, roseaux et bambous. Le bois d'Eucalyptus, **umukaratŭsi**, renommé pour sa hauteur, constitue la base de la maison; on en fait les piliers, **inkĭngi**, d'un diamètre de 15 à 16 cm et des perches, **imiganda y'inzu** plus longues et moins épaisses que les piliers. Les hommes prennent les perches avant qu'elles ne soient trop sèches pour pouvoir les courber facilement.

L'herbe utilisée, **umushŭngu** (*Loudetia simplex* C.E. HUBB.), pousse sur les collines. Elle est si haute qu'elle dépasse la taille moyenne d'un homme, mais elle est facile à arracher.

Les roseaux, **imibingo** (*Pennisetum purpureum* SCHUM.) et les bambous, **imigano** ("bambou creux" *Arundinaria alpina*, DRF 101) sont coupés quelques jours avant la construction.

On fait des cordes avec du Papyrus, **imihótora** ("corde de papyrus", DRF 173), de l'écorce de Ficus à petites feuilles, **imivumúvumu**, et des feuilles d'**igitêngati** "Dragonnier" (*Dracaena staudneri* ENGL., *Crotalaria laburnifolia* L., DRF 501).

Ce rassemblement des divers matériaux prend beaucoup de temps. Un seul terme **guhumbira** couvre tous les préparatifs consistant à cueillir, mesurer et réunir l'ensemble à côté de l'emplacement de la hutte.

Puis les hommes se mettent à égaliser le sol (**gutaba**) sur lequel sera construite la maison. Comme il existe très peu de terrains plats au Burundi, ils sont presque toujours obligés de le faire. Ce terrain sera un peu plus élevé que la cour pour que la maison ne soit pas inondée par l'urine de vache.

Ensuite, ils traceront un cercle sur le sol avec une houe en pierre, **urugera**, attachée par une corde à un piquet placé au centre de l'endroit choisi pour la hutte.

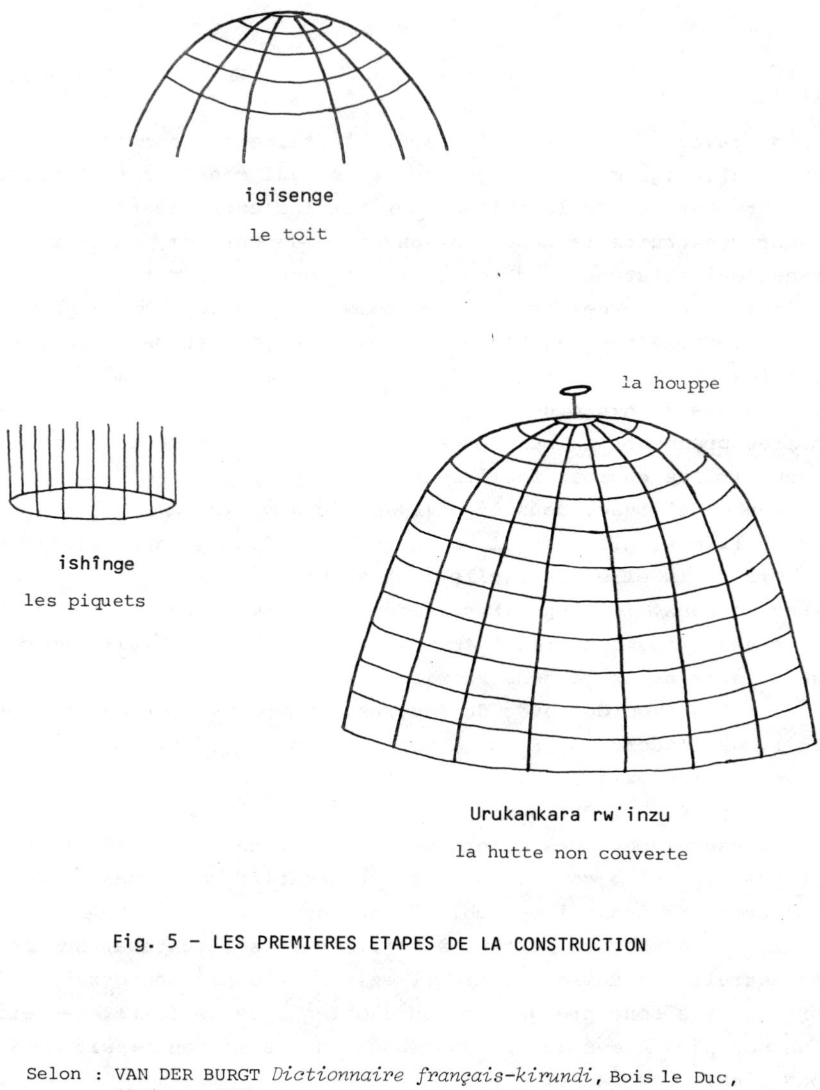

Fig. 5 - LES PREMIERES ETAPES DE LA CONSTRUCTION

Selon : VAN DER BURGT *Dictionnaire français-kirundi*, Bois le Duc, 1904, p. 640a.

Les hommes commencent à creuser (**gushinga**) les trous pour les piquets de la hutte, à 5 cm d'intervalle les uns des autres, en commençant par ceux qui sont près de l'entrée, où ils laissent un espace d'un mètre à peu près, et continuent en formant un cercle. Ils enfoncent les jeunes branches, **imiganda**, d'Eucalyptus, qui sont plus souples que les piliers, à une profondeur d'un mètre, et les maintiennent avec de la terre autour. Les perches restant verticales s'appellent **umushîngé**.

Une fois les perches fixées, les hommes les lient de l'intérieur et de l'extérieur avec sept faisceaux de branchages, **amakóma**. VAN DER BURGT (1943 : 45) dit qu'on place le premier à 80 cm du sol pour recourber les perches vers le centre.

Remarque - Ce chiffre ne nous paraît pas exact, étant donné que la plupart des entrées ont un mètre de hauteur.

Ce premier gros **ikóma** donnera la dimension de la case. Ils sont de plus en plus minces au fur et à mesure que l'on s'approche du haut. Le premier **ikóma** et, peut-être le deuxième, selon la case, sont interrompus à l'endroit de l'entrée.

Pendant que certains lient les perches et les cerceaux, deux autres sont assis sur le sol, juste au milieu, à l'intérieur de la hutte, en train de "tresser le toit" **kujîsha igisenge**. Ils le font comme on fait un panier, en commençant par **ipfûndo** "le noeud" et en tressant le bois avec les cordes de papyrus, ce qui fait la voûte, **agasôngero**. Une fois le toit achevé, ils le posent sur un tronçon de bananier pour le hausser jusqu'à ce qu'il soit bien serré contre les perches. Plus ils poussent, plus le toit s'élargit. Pendant ce temps, d'autres tressent à peu près cinq **amakóma** du toit pour le maintenir sur les perches. On renforce le tout en y liant des verges solides en forme de croix.

Ensuite, on enfonce bien les piliers, **inkǐngi**, d'Eucalyptus pour soutenir le toit à l'intérieur de la maison et on les étaie avec de la terre. Ils sont posés sous les cerceaux. Entre le pilier et le cerceau il y a une planche en bois, **umwâshi**, dans laquelle le pilier s'insère sans la traverser.

Dans l'espace laissé pour l'entrée, **umuryângo**, on fiche les morceaux de bois, **ibishímaryângo**, plus épais que les perches. A l'**ikóma**, placé juste au-dessus de l'entrée, on attache des morceaux de bois minces auxquels on lie d'autres de même dimension et on redresse l'ensemble vers l'**ikóma** supérieur. On forme ainsi une espèce de voûte prééminente, **urukómaryângo**, qui empêche la pluie d'entrer dans la maison. Les deux piliers qui forment l'entrée sont soigneusement ornés de cordes de Papyrus (cf. Photo 4). L'entrée mesurera de 1 m à 1,20 m de hauteur.

Toute la charpente urukǎnkara ("squelette", DRF 213) rw'inzu est construite. Les hommes mettent ensuite des roseaux ou des bambous dans les interstices entre les perches, dans la partie de la maison qui s'appelle "le bas côté" igisoko (de -sok- "piquer dans", DRF 446).

Quand la construction touche à sa fin, un homme se sépare des autres pour tresser la pièce nommée isunzu "la houppe", "mèche de cheveux" (DRF 457), en forme de calice. On la fixe sur le toit avec un morceau de bois (cf. Photo 9).
(Informateurs, Burundi, 1975).

La maison est presque achevée. Les hommes vont se mettre à la couvrir (gusakāra), de chaume, ubwǎtsi bw'inzu, ou d'herbe. Même dans ce travail, la femme n'a pas le droit d'intervenir; il lui est formellement interdit de couvrir le toit (NTAHOMVUKIYE 1972 : 279). Les hommes commencent à lier les couches de chaume sur la base de la maison, ikizǐmba, allant de l'entrée vers l'arrière (DRF 577, ubuzǐmba "souche de bananier", dans la même famille de mots).

La hutte mesurera de 2,50 m à 3 m de haut et de 5 à 6 m de diamètre, à peu près un tiers de toute l'enceinte.

L'intérieur

GENERAL

Les piliers, inkǐngi, qui soutiennent le toit sont disposés en fonction de leur second rôle qui est de soutenir les cloisons, umukingo, et la claie du foyer, urusenge. Il y en a trois pour chaque cloison et trois pour la claie du foyer. Les deux piliers principaux forment l'entrée du foyer, umurêré; l'un s'appelle inkǐngi umugabo, "pilier de l'homme" et l'autre inkǐngi igǎba inzu, "la lance de la maison" (igǎba, DRF 94) qui supporte le toit au milieu (J.P. CHRETIEN, Enquête, Burundi, 1975). Ces deux piliers ne sont jamais en ligne directe avec l'entrée de la maison. Deux autres piliers forment l'entrée de la chambre à coucher, cette entrée également appelée umurêré.

On compte à peu près douze piliers en tout.

La maison rundi n'a pas de mur. Les espaces habitables sont créés par les cloisons, umukingo, construites comme la paroi de la hutte. Les perches (de la même épaisseur que celles de la hutte, imiganda, mais plus courtes, 2,20 m au maximum) sont bien fixées dans la terre puis rattachées aux piliers du toit par les amakóma. Ensuite, on remplit les interstices avec du bambou, imigano, au moyen des cordes, imigózi. Il en résulte une paroi recourbée soutenue par deux piliers du toit aux

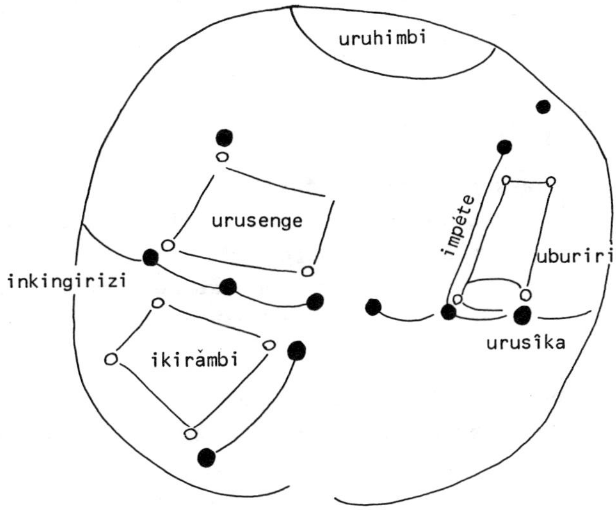

La maison à Muramvya

Piliers : inkǐngi
Cloisons : umukingo

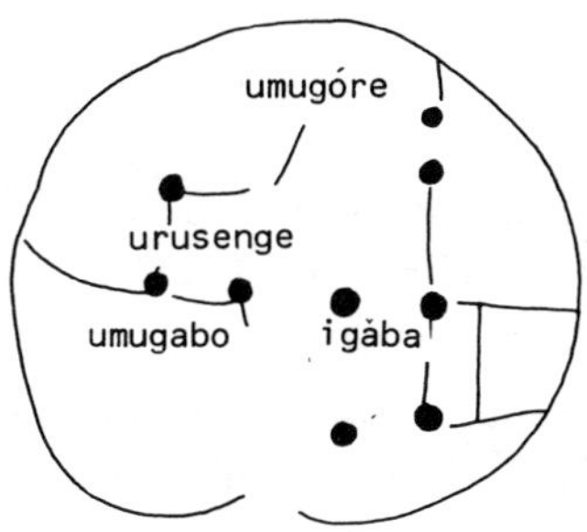

Une autre maison
dans la même région
(J.P. CHRETIEN)

● Piliers du toit
○ Petits piliers
◡ Cloison

Fig. 6

extrémités et un pilier au milieu. Les cloisons les plus importantes sont celles qui séparent l'entrée de l'intérieur : **inkingirizi** devant le foyer et **uruzîka** devant le lit. Un troisième, **impéte**, sépare le lit du foyer.

DETAILS

Ucūgi "*la claie*" et "*le foyer*" **izîko**

La claie du foyer, **urusenge**, en forme de trapèze, est soutenue par trois piliers du toit, deux d'entre eux faisant partie de la cloison, **inkingirizi**. La claie a aussi quatre supports, **inkǐngi**, d'une hauteur de 1,60 m (à peu près la moitié de la hauteur de la hutte). Ils sont fourchus (**ihango**) pour recevoir les deux transversaux, **umwaro**. Enfin, on recouvre (**kuranda**) le tout de roseaux de bambou (cf. Photo 13).

La chambre à coucher - **Uburiri**

La chambre à coucher, **uburiri**, chez les pasteurs, est presque toujours à droite en entrant. Par contre, dans nos plans de maisons de cultivateurs, elle est souvent à gauche.

Le lit des parents est construit de la même façon que **urusenge** (des piliers courts fourchus sur lesquels repose une claie) : lui aussi, en forme de trapèze. Il est moins élevé (entre 1,20 m et 1,50 m), mais suffisamment pour que le couple soit obligé d'y monter par une échelle, **icûririzo**. Les piliers de la tête, **umuségo**, sont plus hauts que ceux du pied, **umurâmbizo**, et un traversin permanent, **umuségo**, fait d'herbe et de roseaux y est installé. Au dessus de la claie du lit, on pose un assemblage de perches et de roseaux recouvert d'herbe, **urukângagá** (*Cyperus latifolius* POIR.).

Le lit des garçons, **ikirǎmbi**, placé dans l'entrée/vestibule, est fait comme celui des parents, excepté qu'il n'est pas incliné.

La porte - **Urūgi**

On fabrique la porte, **urūgi**, comme **urusenge** et le lit : une claie de roseaux liés à deux perches. Elle est fermée, la nuit, au moyen d'un bâton, **ikibando** ou **igihindiro**. Selon nos informateurs, la porte a plutôt la forme d'un bouclier.

L'étagère - **Uruhimbi**

Au fond de la hutte se trouve une étagère, **uruhimbi**. Elle ressemble à une cloison peu élevée d'où partent des morceaux de bois minces la reliant à un **ikóma** de la hutte. La cloison est tissée en petits roseaux, **amarênga**, (*Phragmites mauritianus* KUNTH.). Elle est parfois soutenue par quatre piliers du toit et, dans la maison royale, par sept (cf. Photo 12).

b. L'enclos - urugó

La hutte terminée, les travailleurs passent à la construction de la palissade, **urugó** (ou **ururimbi**) qui entoure la maison. Dans beaucoup de régions, ils seront obligés de préparer le terrain de l'enclos. Sur le site, ils creusent un sillon entre la maison et l'entrée, **irêmbo**. Là, ils remblayent le terrain pour le rendre plus élevé que le terrain sur lequel est construite la maison. Ils commencent ensuite à dresser la palissade.

D'une hauteur de 2,50 m à 3 m et d'un diamètre de 8 à 10 m, elle comprend deux cours : l'une devant la maison, qui s'appelle également **urugó**, et l'autre derrière, **ikigó**.

La palissade est fabriquée avec des branches d'**imikoni** (*Sinaderia* sp., *Synadenium umbella* PAX), bois qui ne sèche pas vite et dont la tige prend rapidement racine. Selon notre informateur, il y en a quatre variétés : **imambura**, **bushara**, **iminyare**, **mimihoro** (termes ne figurant pas dans DRF). Chaque pieu s'appelle **ikirimbi**. Chez les chefs, on trouve parfois des branches de bambou à la place des **imikoni**.

Après avoir bien planté les **imikoni**, deux hommes se mettent à **gusóbanya** "entrecroiser, entrelacer des branches (**isóbanywa ry'urugó**)... tresser". L'un d'eux, resté à l'extérieur, passe les tiges à l'autre, à l'intérieur; la partie feuillue de la branche reste à l'extérieur.

Quand les deux hommes ont achevé la palissade, d'autres creusent deux larges trous sur le terrain remblayé pour y implanter plusieurs perches, **igikǐngi**, "les piliers", à la limite des deux côtés de la palissade. Selon P. BUCUMI, ces piliers sont une extension de l'enclos **urugó**. On ne construit pas non plus **irêmbo** en ligne droite avec l'entrée de la hutte; celle-ci est en contre-bas par rapport à **irêmbo**. Chez les chefs on plante des bambous (cf. Photo 3).

Sur la piste haute de la cour, dans la palissade déjà construite, on laisse une ouverture, **icanzo**, entre l'avant-cour et l'arrière-cour, **ikigó**. Dans la palissade de **ikigó** on pratique un petit passage également appelé **icanzo** qui relie l'arrière-cour **ikigó** à l'extérieur (cf. Photo 6).

Après la fin du travail, on pense à ceux qui y ont collaboré, **abakózi**. Ils sont récompensés par une bière **impêmbo** (litt. "récompense,

Fig. 7 - LA PROPRIETE

Urugó

Itongo

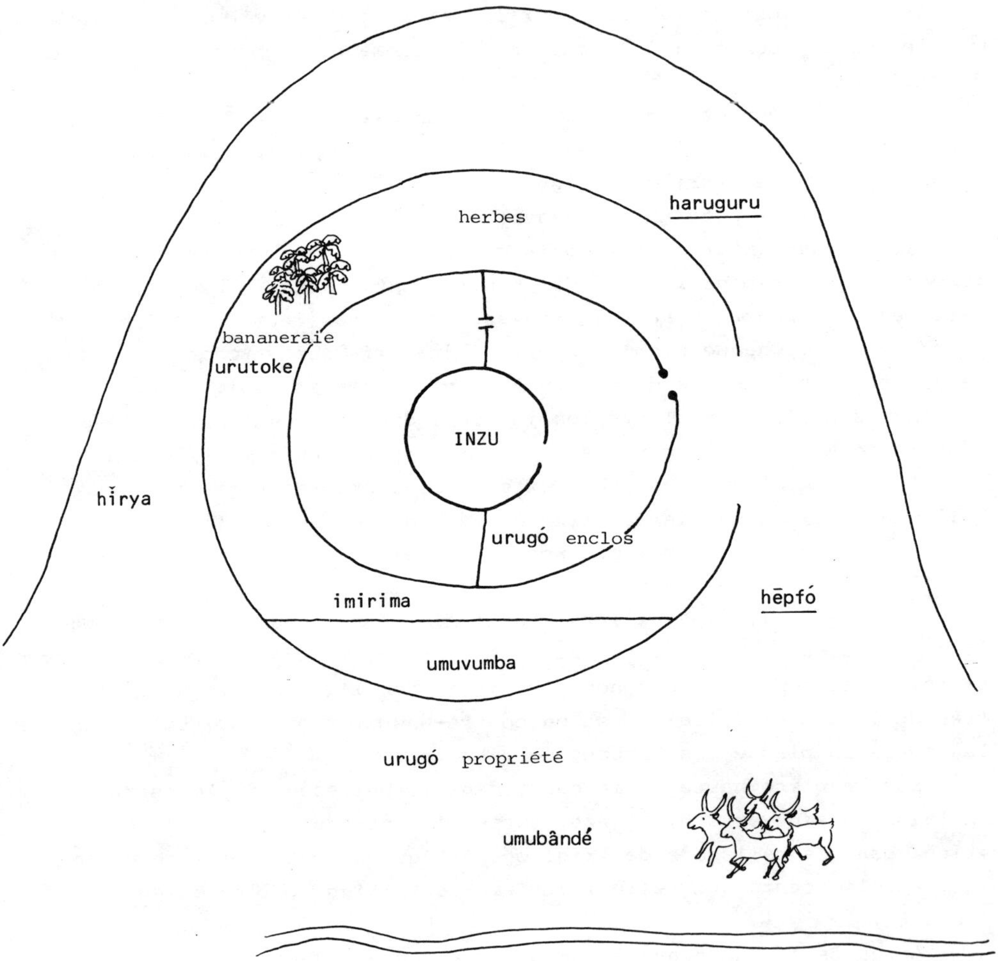

salaire", DRF 152) et par un bon repas. C'est une obligation de la famille qui les a invités.

La plupart de nos renseignements proviennent des chercheurs rundi, excepté les petits détails fournis par les travaux de VAN DER BURGHT.

3. INSTALLATION

La famille est prête à aller vivre dans sa maison. Dans une ambiance de rituel solennel, l'homme transporte son arc, sa lance et ses flèches à l'intérieur de la maison. La femme suit avec la baratte et la spatule pour tourner la pâte. Un serviteur vient pour planter les trois pierres et le feu est aussitôt allumé (ZUURE 1948 : 179).

Une fois installée, la famille peut se mettre à cultiver la propriété qui entoure l'enclos. Tout ce domaine s'appelle aussi **urugó**, comme l'enclos et l'avant-cour, ou **itongo**. C'est l'homme qui dirige ses activités **gutwâra itongo** (littéralement "porter la propriété", **gutwâra**, DRF 519). Quand la propriété est fructueuse, on dit **urugó riravyâye** "**urugó** a engendré" (NTAHOMVUKIYE, Burundi, 1976).

Comme pour la colline, la propriété en haut de l'enclos s'appelle **haruguru y'urugó** et la partie en contrebas **hēpfó y'urugó**. Dans la partie **haraguru**, la femme se plante des herbes dont elle s'occupera avec l'assistance de ses filles. Au contraire de ceux situés dans la partie **hēpfó**, ce champ ne sera pas fertilisé avec de la bouse car il est trop difficile d'y monter en portant un panier de bouse.

Derrière, **hǐrva**, l'enclos, l'homme entretient la bananeraie, **urutōke**, de sa famille. Il est le seul à pouvoir planter les bananes, **igitōke**, et à pouvoir les cueillir.

A proximité des bananiers, toujours à l'extérieur de l'enclos, l'homme construit dans les arbres les ruches de bambou de forme allongée. Leur ouverture, **umupúzo**, est toujours tournée vers l'est (cf. Photo 15).

Dans le **hēpfo y urugo**, l'homme et la femme travaillent les champs, **imirima**. L'homme sème le sorgho et l'éleusine (**kubiba** "semer à la volée") et la femme enfonce dans la terre, **kuyoreza** les graines de courges (CHRETIEN 1974 : 10). Ensuite, la femme prendra la houe pour continuer la culture des différents produits.

L'homme mène les vaches brouter sur un terrain encore plus loin sur la colline, toujours dans le **hēpfó**, **umuvumba** "rive, berge" (DRF

541). Quand il les mène dans la vallée, umubândé, pour boire de l'eau, on parle d'un "vallon plein de vaches" (inká) umubândé w'înka (DRF 23 - umubândé.

B. L'enclos - Urugó

(v. fig. 8)

1. KU - NÂMA (devant la cour)

Ceux qui se rendent en visite dans l'enclos d'un ami se rassemblent d'abord devant la grande entrée, irêmbo, sur une sorte de terre-plein qui s'appelle ku-nâma. Là, les hommes portent sur la tête (gutwâra, signifie aussi "gouverner" dans "une propriété", DRF 519) les cruches de bière de banane destinées à la famille et les femmes ont à la main les paniers plats, inkōko, remplis de cadeaux de nourriture, attendant la fille aînée de la famille qui les accompagnera jusqu'à la maison.

Ku-nâma est également un lieu de réunion pour les conseils publics (Informateur, Burundi, 1974). Le terme ku-nâma est dérivé de inâma "conseil" (DRF 273) et ku- "à l'endroit de".

Ici aussi aura lieu l'investiture des notables, (kwâtira, "investir, insérer, glisser dans une fente", DRF 17).

Ce terrain est connu comme inâma y'înká dont la traduction littérale serait "conseil de vaches" (trad. AS) à mettre peut-être en relation avec le fait qu'on y rassemble les vaches pour la traite pendant la saison des pluies, la grande cour, à cette époque, étant inondée d'eau.

2. IRÊMBO (L'entrée de la cour)

La jeune fille conduit les invités à travers l'espace désigné par le terme irêmbo* qui se traduit littéralement par "entre les pieux qu'on barre pour la nuit" (DRF 347), en relation de dérivation avec kurêmbura "enlever les barres de protection" (MC 886). Dans l'expression mu marêmbo y'imisózi, irêmbo signifie "le col" (DRF 347).

*C'est dans ce même espace d'**irêmbo** que la jeune fille, lors de la cérémonie du mariage, rencontre chez son mari "la vache d'**irêmbo**", **inká y'irêmbo**, habituellement une génisse ou, à défaut, une jeune fille, se tenant entre les piliers d'**irêmbo**, comme signe d'accueil de la famille du mari (BUCUMI 1970 : 8).

En voyant les visiteurs chargés des cruches de bière et des paniers passer (**gucá**, DRF 51, signifie "couper, trancher" et aussi "passer") entre les piliers de **irêmbo**, la famille proclame **irêmbo riravyâye** "**irêmbo** a engendré", expression qui signifie que l'on a reçu un cadeau et, en particulier, un cadeau de bière de banane*.

*MC 886, RODEGEM traduit cette locution par "l'entrée a donné naissance". Selon les explications de nos informateurs il s'agit de la bière qui entre dans la cour. Aussi avons-nous pris le second sens de **riravyâye** "engendrer".

Tout le monde n'a pas le droit de passer par **irêmbo**, au moins symboliquement : selon une berceuse, la femme qui n'a pas encore donné des preuves de sa fécondité doit éviter **irêmbo** et accéder à la maison au moyen de la porte très basse de l'arrière-cour, **icanzo**. Le jour où elle enfantera (et deviendra ainsi l'épouse officielle), elle pourra passer par la grande entrée :

Kĕra náca mu canzo
Icanzo gicá umugôngo
Noné nca mw-irêmbo

... Autrefois je me défilais par la porte dérobée.
La porte qui oblige à courber l'échine ...
Maintenant je passe par l'entrée principale.
(AR 176-177).

Elle dit de son nouveau-né :

Hora cagurarembo

"Tout doux, toi qui agrandis la porte d'entrée ..."
(GVS, 1968 : 6).

Dans les devinettes du Rwanda, **irêmbo** fait figure d'une sorte de sortie pour une patate douce ou le sorgho :

"... Celui qui est mûr lorsqu'il arrive à l'entrée de l'enclos".
"Une patate douce"
G. DION (1971 : 131) explique ainsi cette devinette :
"Après la cuisson, la patate douce est brûlante"

Gatŭntu gatuzé irêmbo
Inoopfu

"Celui à la petite poitrine (litt. la tuberculose) *force l'entrée de l'enclos* (pour en sortir)*"*
"Du sorgho raté"
G. DION (1971 : 92) commente celle-ci :
"En mûrissant, les graines éclatent et deviennent semblables à de la farine".

En ce qui concerne les faisceaux de bois qui flanquent l'espace de l'entrée, **igikĭngi y irêmbo**, ils sont une continuation de la palissade même. A côté d'eux se trouve l'autel de l'ancêtre. Rappelons-nous aussi qu'ils sont enfoncés dans un terrain plus élevé que celui sur lequel est construite la maison et placés sur la colline dans une position supérieure à celle de l'entrée de la maison. Si tel n'est pas le cas, prétend la coutume, la famille n'engendrera que des filles.

L'expression gusênya irêmbo "abattre irêmbo" rend la même idée que "n'engendrer que des filles" (gusênya, DRF 408-409).

Il n'est pas étonnant d'apprendre qu'on appelle le chef de famille igikǐngi y'irêmbo "les piliers de l'entrée" (ZUURE 1932 : 30). A sa mort, la famille proclame que igikǐngi c'irêmbo kirahénutse "le pilier est affaissé" et jette l'un de ces piliers (DRF 315 -pfa).

De ce fait, nous comprenons pourquoi la femme qui déracine ou brûle un pilier menace de mort son mari, de même que la fille qui s'adosse au pilier le soir menace son père de mort (N. NTAHOMVUKIYE 1972 : 273).

Le terme qui désigne les "piliers", igikǐngi, est à rapprocher du verbe gukinga "fermer l'entrée, protéger par un écran ...". Le néologisme gukinga signifie "vacciner" (DRF 226, igikǐngi, gukinga)*.

*RODEGEM met igikǐngi en rapport avec gukingika, "fermer bien, fermer mal" et gukingika ensuite en rapport avec gukinga. Pour nous, du point de vue à la fois morphologique et sémantique, igikǐngi est à rapprocher directement de gukinga.

L'homme ferme l'irêmbo la nuit au moyen de branchages, umwugariro, qui forment une porte, idée suggérée par le thème -ūgi, "porte, claie", en relation de dérivation avec umwugariro (DRF 525). Il prend les branches et les fiche, le pied en terre, la tête en haut. Pendant la journée, elles seront posées dans la partie supérieure de la cour, la tête vers le haut, le pied vers l'entrée (P. BUCUMI, Entretien, 1974) comme le décrit une devinette (cf. Photo 5) :

Abáana baanjye baraara báhagaze
Imyuugariro

"Mes enfants passent la nuit debout.
Au lever du jour ils se couchent"

Umwugariro
(BOUCHARLAT, 1975 : 48)

Cette tâche semble assez importante pour jouer un rôle dans les cérémonies qui suivent le jour du mariage. Le quatrième jour après les noces, le matin, le jeune garçon arrange les branchages qui ferment l'enclos, la femme ramasse du bois de chauffage (BUCUMI, 1970 : 19). Il sera préparé pour le jour où le père mourra et où la mère annonce au garçon : "C'est à toi de fermer maintenant le kraal" (BUCUMI, Entretien, 1974).

Comme pour les piliers, on appelle aussi l'homme umugabo n'umwugariro "l'homme des branches de l'entrée", locution qui signifie "le père de famille, c'est la protection" (DRF 525, umwugariro).

On peut désigner le geste de fermer l'enclos par le verbe kwuga-

rira, en rapport de dérivation avec **umwugariro** "les branches de l'entrée". Le synonyme de **kwugarira** en terme noble est **kujîsha** "tresser" (DRF 525, **kwugarira**).

Un autre verbe qui décrit cet acte (**guhindira** "barrer l'entrée de l'enclos à l'aide de pièces de bois") provient du même radical que **uruhǐndu** "alène de fer" avec laquelle la fille tresse la vannerie (DRF 162).

Poétiquement, on emploie **guhindira** dans l'expression **Ijuru rirahindiwéko umwugaro** "on a fermé l'entrée du ciel" (trad. AS) pour dire "le ciel s'est couvert, s'est obscurci" (DRF 525, **umwugaro**).

3. URUGÓ (L'enclos)

En descendant à partir d'**irêmbo** pour s'approcher de la maison, on trouve à l'intérieur de la haute palissade qui forme l'enclos, **urugó**. Elle est faite de branches, **imikoni**, plantées en terre pour prendre racine, entrelacées (**gusóbanywa**) avec d'autres appelées **isóbanywa ry'-urugó***.

*Pour l'enclos royal, on remarque qu'il n'y a qu'un seul **isóbanywa** qui encercle l'enclos (DION, 1971 : 59).

C'est la jeune fille qui s'occupera de l'entretien des **isóbanywa** comme l'indique l'expression :

Inkůmi ikuma urugó
"La jeune fille retrousse la palissade"
(SK 1182 : 137)

Le terme qui désigne chacun des pieux : **ikirimbi** ou **akarimbi** provient du substantif **ururimbi** "palissade, palanque"**.

****Akarimbi** (le préfixe **aka-** de la classe 12 exprime le diminutif) sert aussi à décrire les membres de la cour suprême dans l'expression **Gushinga akarimba**, "réunir la cour" littéralement "ficher la petite palissade" (DRF 423, **gushinga**).
Dans le même ordre d'idée, un terme provenant aussi de **ururimbi** "palissade, palanque" désigne "le juge du tribunal du **mwâmi**, **umunyarurimbi** (DRF 358, **umunyarurimbi**).

Le terme **urugó** (DRF 116) désigne aussi "le halo de la lune", **urugó rw'ukwêzi** et, de ce fait, semble suggérer une comparaison entre la maison des parents entourée par la grande palissade et la lune entourée de son halo***.

***Une devinette fait aussi une comparaison entre la maison et la lune :
Warabony'e urunyegeri rwîkorey 'e inzu ?
Ukwêzi mw-ijuru
"As-tu vu une fourmi porter une maison ?"
"La lune dans le ciel" (PC 559 : 102).

La forme ronde de **urugó** amène P. BUCUMI (Entretien, Paris, 1975) à rapprocher le thème **-go** (du vocable **urugó**) des mots provenant du radical non-attesté ***-gor-** (DRF 123) "être courbé, galbé", comme **ingóro** "palais", **urugóri** "couronne" et **umugóre** "femme".

La famille aussi est comprise dans le sens d'**urugó**, les proverbes y font souvent allusion :

Urugó rugira babiri
"Deux font un kraal" (SK 3357 : 343)

Urugó rurímwo umugabo runywa amáta
"Un kraal où il y a un père boit du lait" (SK 3358 : 343)

Urugó rurímwó umugóre nunywa amâzi
"Un kraal où il n'y a qu'une femme seule boit de l'eau"
(SK 3359 : 343)

Urugó rutavyayé umuhǔngu ntírubá ar'urugó
"Un kraal qui n'a pas engendré de garçon n'est pas un vrai kraal"
(SK 3363 : 344)

La femme "qui tient bien son ménage", qui est "courageuse et économe" aura le droit d'être appelée (DRF 116) **ikibûmbarugo** "celle qui modèle, arrondit l'**urugó**", de **kubûmba** "modeler, arrondir (argile)".

Le cour royale est désigné par le terme **ikirǐmba** (DRF 357) en rapport de dérivation avec **kurimbāna** (DRF 357) "être bien bâti, bien proportionné" dont est dérivé **ararimbānye** "c'est un bel homme". A rapprocher de ce même verbe sont les vocables **umurǐmbāne** "jolie femme", **indǐmbāne** "personne de taille moyenne, de stature bien proportionnée" et le terme **ururimbi** déjà mentionné qui désigne "la palissade". Dans la même famille de mots on trouve **indimbika** "corbeille, panier dont on se servait à la cour royale" (DRF 338).

Employé comme néologisme, **ikirǐmba** signifie une "sorte de tontine" où "à tour de rôle, un des membres dispose de la totalité" (DRF 357).

D'autres termes désignent le concept général de la cour royale par les métaphores : **i ubukáma** de **umukǎma** "trayeur" (DRF 209, **ubukáma**); **i bwǎmi** "à la cour royale" (désigne aussi "la matrice" et provient de **umwǎmi** "roi", DRF 8, **ubwǎmi**) et **ingoma** "le tambour"; la locution **inda y'ingoma** (litt. "le sein du tambour", trad. AS) désigne "les proches parents du roi" (se dit des fils ou frères du souverain régnant, DRF 18, **ingoma**)*.

*Une devinette compare le tambour à une femme enceinte (DRF 18) et G.M. DION raconte qu'on a souvent caché les choses dans le tambour royal; quand le tambour est crevé, on dit qu'il a enfanté (DION, 1971 : 154).

Quand les membres de la famille découvrent dans la cour (ou dans la propriété) un cadeau inattendu, ils s'exclament : **urugó riravyâye** "**urugó** a mis au monde" (H. NTAHOMBUKIYE, Burundi, 1975). Nous retrouvons la même idée en ce qui concerne la cour royale, **ikirǐmba**. Les sujets attendent souvent dans le **ku-nâma** (devant l'enclos) dans l'espoir de recevoir des cadeaux de la famille royale. Un proverbe nous raconte que leur patience n'est pas toujours récompensée :

Ikirǐmba kiraháka kikaguhisha icébe
"(**Ikirǐmba**) *est près de vêler et te cache le pis*"**
(SK 794 : 100)

Pour des raisons de clarté, nous avons gardé le vocable **ikirǐmba au lieu de la traduction "la porte du palais" de F. RODEGEM.

L'enclos, **urugó**, est divisé en deux parties : l'avant-cour, **urugó**, et l'arrière-cour, **ikigó**.

a. Urugó : l'avant-cour

Nous remarquons que l'avant-cour porte le même nom, **urugó**, que la propriété et l'enclos. Il en est de même pour la cour royale : l'avant-cour emprunte son nom à l'enclos **ikirǐmba**.

C'est d'abord dans l'**urugó** que l'on peut procéder à l'investiture des notables comme dans **ku-nâma**.

L'avant-cour sert avant tout à garder les vaches. A cause de la dépression qui existe au milieu de la cour, elles ont tendance à préférer une pente ou l'autre, plutôt vers le haut de la cour pendant la saison des pluies pour éviter l'eau accumulée vers le bas; vers le bas pendant la saison sèche où le terrain, mieux égalisé, rend la marche plus facile (Informateur, Burundi, 1976). L'endroit où elles se groupent s'appelle **intǎhwa** (du verbe **gutáhwa** "être intéressé par les nouvelles, par la conversation", "être rentré dans la ruche (essaim)" de la famille de **gutāha** "rentrer au logis, rejoindre son domicile, regagner sa maison", DRF 464-465).

Chez les cultivateurs, l'avant-cour contient les greniers, **ibigega**, de semences disposés des deux côtés de la palissade, sur les petits terrains plats connus sous le nom **mu ntǎhwa z'urugó** (litt. "dans les coins de la cour", DRF 465, **intǎhwa**). C'est le même substantif qui désigne le lieu des vaches. Peut-être à cause de sa forme*, une devinette compare le grenier à "la vache à une seule corne" (DION 1971 : 237).

*Ces greniers consistent en un cylindre, **ishingiro**, posé sur un cerceau, **ikóma**, en bas duquel se trouve un cône renversé, **inguri**. Juste en dessous de celui-ci, il y a une grosse pierre plate. L'ensemble, fabriqué de morceaux de bambou, est soutenu par quatre pieux (huit au Rwanda) et surmonté d'un toit fabriqué comme celui de la maison, bien ligoté par les **imitende**, cerceaux du toit (Informateurs, Burundi, 1975; cf. Photo 14).

La nuit les vaches sont enfermées dans l'avant-cour jusqu'au petit matin. A sept heures "le matin", **igitôndo**, ou à sept heures le soir, **amũgarira** "au moment de barricader le kraal", c'est **amakáma** "le moment de traire", **budegeye** "quand il fait noir", juste au lever et au coucher du soleil, l'homme fait la traite (PG 185-186).

Aux heures d'**amũgarira** "au moment de barricader le kraal", le soir, l'homme va s'occuper aussi d'enlever le miel de la ruche, c'est-à-dire "traire la ruche" comme on dit en kirundi*.

*Le "miel non liquide" s'appelle **umutsǎma w'ûbuki** (**ubûki** "miel") **Umutsáma** désigne "le lait qui dégoutte du pis avant la naissance du veau" (DRF 505).
Au Rwanda, le verbe "traire" s'emploie pour "toutes les activités productrices", comme la chasse, etc. (P. SMITH 1970 : 400).

Avant de commencer la traite, le père veille à ce que le feu, **igicâniro** (de **-can-** "mettre feu", **-ir-** "en faveur de", analyse AS) soit allumé. Il s'agit des herbes **urukâŋgagá** (*Cyperus latifolius* POIR., DRF 423, **gushinga**), placées vers le centre de la cour dans l'alignement du foyer et que la mère ou la fille allument avec le feu de ce foyer.

Il ne faut jamais l'allumer en pleine journée (SAMBUSHATSE 1976 : 46). Si l'on bouleverse l'emplacement (**gusítura igicâniro**), on risque d'engendrer uniquement des filles (DRF 443, **gusítura**). Le père s'appelle aussi **igicâniro** (ZUURE 1932 : 30).

Le père s'accroupit du côté droit de la vache et, avec la main droite, commence à traire, **gukáma** (en relation de dérivation avec **intakáma** "qui n'a pas de fin, infini", DRF 209). Il fait gicler le lait dans un pot, **icǎnsi*** (cf. Photo 12), de forme allongée, taillé dans le bois de l'arbre Erythrine (*Erythrina* spp., *E. abyssinica* LAM.), **umurinzi**.

*Le pot à lait, en terme noble est **umugǎmba**, "rive, berge". L'expression **umugǎmba w'inká** signifie "cette région favorable au bétail (vaches)" (DRF 97-98). Nous avons déjà rencontré **umuvumba** qui signifie aussi "rive, berge" et, en ce qui concerne les vaches, le terrain en bas de l'enclos où elles broutent.

Le lait fraîchement trait s'appelle **imfyûfyú**, terme noble aussi pour décrire "le jeune roi" (DRF 93)**.

Remarquons que trois des quatre rois portent des noms se référant à la clarté. **Ntáre a le même thème que "lion, rocher" (**intáre**) et "tout objet clair, blanchâtre" **igitáre** (DRF 476); **Mutâga** provient d'**umutâga** "jour, en plein jour" et **Mwêzi** signifie "beau comme le clair de lune" (DRF 85).

L'action de faire couler le lait s'exprime en kirundi par la locution **Iyó amáta ashingá imiganda** "où le lait coule à flot" (litt. "où le lait fiche des perches" DRF 423, **gushinga**. Les perches, **imiganda**, sont celles avec lesquelles on construit la structure de la maison), ou par le verbe **kunéga** "jaillir (liquide)", "ficher ... enfoncer, ficher en terre, planter droit" (DRF 277).

Si le lait ne coule pas assez vite, on en prend une goutte et on la met dans une termitière (Informateur, Paris, 1976).

Les devinettes comparent ce geste de laisser tomber le lait dans le pot à un sifflet dans la cour, à des vaches sur la colline ou à des enfants qui tombent sur le tambour :

Nturutse mu nsí y'urugó n'umya Rwogéra aravúgiriza
Urushuǔnzi mu cyaǎnsi
"Je viens de l'enclos aval et j'entends Rwogera siffler"
"Le jet de lait dans le pot"
(BOUCHARLAT 1975 : 121)

Ziravúgiru i Nyámiramá
Ishǔnzi mu cyǎnsi
"(Les vaches) se font entendre sur la colline"
*"Les jets de lait dans le pot à lait/***Nyamírama***"*
("L'intérieur de ce récipient est comparé à la colline", DION 1971 : 271)

Abaana b'umwaami barataanguranwa muu ngoma
Inshuǔnzi mu cyaǎnsi
"Les enfants du roi se précipitent vers le tambour"
"Les jets de lait dans le pot (lors de la traite)*"*
(BOUCHARLAT 1970 : 99)

Le pot sera donné à la jeune fille de la maison qui le renversera dans la calebasse, **icākirizo**, pour conserver le lait dans la maison. Il sera éventuellement consommé par la famille, le soir, lors du repas.

L'épouse enceinte, la fille-mère ou la jeune fille qui a ses règles n'ont pas le droit de s'occuper de ce qui concerne la traite.

Quand les vaches sont dans la cour, les femmes qui habitent cet enclos restent dans la maison ou dans l'arrière-cour. En outre, il leur est interdit de sortir de la maison des nattes ou le mortier (DRF 583, **umuziro**).

Au départ des vaches pour les champs et à midi pour l'abreuvoir (**ku mutâga**, d'où provient le nom du roi, **Mutâga**, DRF 462), dans la vallée, les femmes sortent de leurs maisons pour ramasser la bouse dont elles se serviront pour fertiliser les champs en bas de l'enclos. C'est une tâche pourtant qu'elles évitent lorsqu'elles sont enceintes (DRF 243, **gukúka**) ou si la famille est en deuil et dont elles s'abstiennent absolument quand il s'agit du deuil pour le roi (NDAYISHINGUJE 1967 : 15). Avant de rentrer dans la maison, la coutume exige que la femme enlève toute trace de bouse sur ses mains (NTAHOMVUKIYE 1972 : 280).

Lorsqu'un membre de la famille est souffrant et doit prendre des médicaments à base de plantes, il se rend dans la cour où il boira dans un fruit coupé en deux, **urubȁya** (Informateur, Burundi, 1975).

Les hommes s'y rassemblent aussi pour boire de la bière de banane, fabriquée par eux dans la cour*

*Ils la brassent ensemble dans une grande auge, taillée, comme le pot à lait, dans l'arbre Erythrine ou dans le bois **umuvúmu** (*Sida cordifolia*) "le ficus à petites feuilles" (DRF 542) et la font ensuite fermenter au-dessus du foyer sur la claie, **urusenge**.

C'est pour cela que J.P. CHRETIEN (1974 : 29) appelle l'avant-cour **urugó** "le lieu de consommation". Pendant la saison des pluies, cependant, ils rentrent dans le vestibule de la maison, **umuryângo**, pour faire ensemble la fête avec la bière.

L'avant-cour, **urugó**, est aussi l'endroit où l'on enterre les morts de la famille. Juste devant la maison, on remarque les tombeaux de la mère et des enfants (et, dans certains cas, celui du père) des deux côtés des "cuisses", **ibibero**, de la maison dans un espace, **intába**, où l'enceinte sépare l'avant-cour de l'arrière-cour*.

*Dans l'avant-cour royale, on met les cases des veaux (DRF 461, **intába**, de **-tab-** "niveler").

Le père est enterré sous le "feu des vaches", **igicâniro**. Le taureau du troupeau, après que la mère lui ait administré les mêmes soins funèbres que ceux qu'elle aurait donnés au père, sera aussi enterré dans cet endroit, **igicâniro** (DRF 5, **ingabékazi**), terme qui, rappelons-le, signifie aussi l'homme.

Quand un membre de la famille meurt, on le sort de la maison, les pieds les premiers, et on l'enterre, la tête vers le haut de la colline, les pieds vers le bas. L'homme sera placé sur son côté droit, la femme sur son côté gauche (Informateurs, Burundi, 1975-1976).

L'avant-cour **urugó** se divise aussi en deux parties : les **intába**. Elles représentent les deux parties d'une même pente creusée en son milieu par le chemin qui mène d'**irêmbo** à la maison. Les termes qui les désignent sont les mêmes que ceux qui s'appliquent à la colline et à toute la propriété : **haruguru hēpfó**. La pente supérieure s'appelle **intába y haruguru** et la pente inférieure **intába y hēpfó**, les deux rappelant à un informateur des "demi-lunes"**.

En ce qui concerne la cour royale, l'avant-cour **ikirǐmba, était divisée en deux parties : la première pour les vaches de la reine, la deuxième pour les vaches du roi, mais nous ignorons si cette division correspond à la division des pentes de la colline (DRF 472, **intangāro**).

La pente **haruguru** est occupée par la maison du fils aîné et par celle du troisième fils, si la pente n'est pas trop escarpée.

Irêmbo domine aussi à partir de cette pente et les branchages qui ferment l'entrée la nuit sont posés sur la pente **haruguru**, la tête vers le haut*.

*D'après le peu de renseignements que nous avons réussi à obtenir sur le rôle des deux **intába**, il se peut que, si le père est enterré près de la maison, il se trouve dans la partie **haruguru**. Pour les enfants, nous n'avons pas pu savoir.
L'**igicániro** est aussi placé dans un sens plutôt que dans l'autre, selon le cas, mais nous n'avons pas eu davantage d'informations à ce sujet.

Le tombeau de la mère se trouve dans la pente **hēpfó** de la colline, à côté de la maison (MUGEMANA, SIMABUHAMAGAYE 1977 : 7).

b. Ikigó : l'arrière-cour

Entrer dans **ikigó** sera difficile, car la petite ouverture **icanzo*** laisse à peine la place de passer. Les Barundi nous expliquent que c'est pour éviter que les vaches y pénètrent le soir, une fois enfermées dans l'enclos (cf. Photo 6).

*Souvent, au Burundi, il existe un deuxième **icanzo** qui lie **ikigó** à l'extérieur.
Au Rwanda, cet **icanzo** est le seul.

Sur un plan symbolique, **icanzo** a déjà été vu dans les berceuses comme le passage de la femme stérile (AR 177). Les proverbes le décrivent comme la sortie de la mort ou la porte que **Imâna** vous fournit pour échapper à vos ennemis :

> **Hāko rucá mw-irêmbo Rwaca mu canzo**
> *"Mieux vaut que la mort passe par la porte de service que par la porte principale"* (DRF 14, **icanzo**).
>
> **Umwǎnsi agucīra icōbo imāna ikagucīra icanzo**
> *"Ton ennemi creuse un trou pour que* (tu y tombes) *et Dieu perce une porte à l'arrière de la maison"*
> (SK 3208 : 328).

Ce même sens se retrouve dans le verbe **kwanzura** (**kwanzura umuntu** "écarter quelqu'un" DRF 1976) qui est à rapprocher de **icanzo**.

Une fois qu'elle se glisse par cette brèche dans la palissade, la femme se trouve dans son domaine à elle, **ikigó**, ou **haruguru mu kigó**. C'est là qu'elle dresse son autel familial. Toutes les femmes s'y rassemblent pour bavarder, travailler et sécher les légumes mais, avant tout, pour faire de la vannerie (Informateur, Burundi, 1976).

P. BUCUMI (Entretien, 1975) nous explique que ce travail artisanal est d'une telle intimité qu'elles sont obligées de se retirer là, se contentant du peu de lumière qui pénètre par l'ouverture d'**icanzo**.

Elles travaillent la vannerie avec agilité en passant les fibres de papyrus* qu'elles sont allées chercher dans le marais, autour d'un morceau de bois avec leur alène de fer, **uruhǐndu**** connue comme "la lance de la jeune fille" (P. SMITH 1970 : 1387).

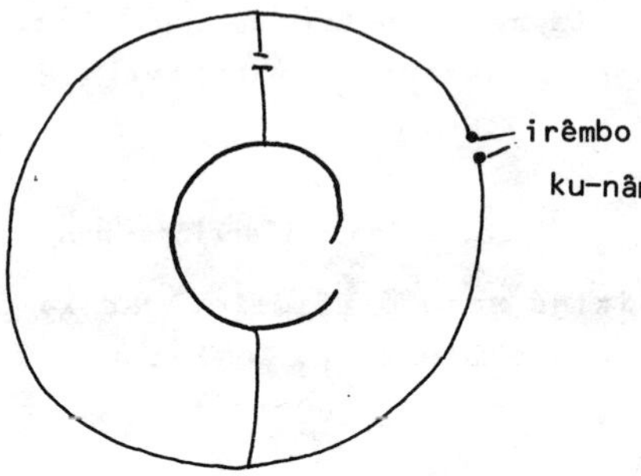

Fig. 8 – L'ENCLOS : urugó

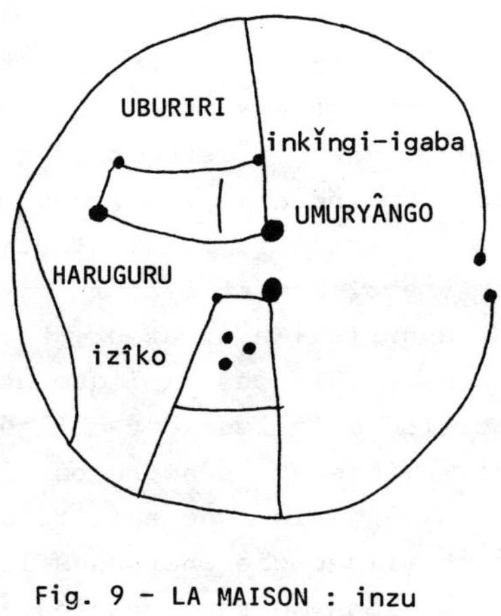

Fig. 9 – LA MAISON : inzu

*Par contre, toute vannerie en bambou est faite par les hommes.
Nous rappelons que ce terme est de la même famille de mots que **guhindira, "barrer l'entrée de l'enclos à l'aide de pièces de bois" (DRF 162, **uruhindu**).

C'est dans l'**ikigó** que l'on fait ses petits besoins. C'est là aussi que la femme prend souvent des lavements anals ou les administre à l'enfant pour avancer sa croissance***.

***Les lavements pour les enfants ne sont souvent que de l'eau, tandis que, pour les femmes, ils sont faits avec des herbes (comme pour les médicaments pris par voie buccale dans l'avant-cour).

On amènera ici les nouveaux-nés, lors de la cérémonie de la première sortie. Pour le garçon on plante un bananier, **igipáca** (DRF 314) "variété de bananes naines" (Informateur, Burundi, 1975) pour la fille on ajoute de l'herbe à la palissade qui entoure la partie **ikigó**.

D'autres arbres y poussent, les **umurinzi**, Erythrine, symbole de la protection et de la fécondité (MC 886).

Il y a un **ikigó** derrière la maison principale, à l'intérieur de l'enclos même; par contre, pour chacune des maisons des fils, on construit un **ikigó** à l'extérieur de la palissade.

Le roi possédait aussi des **ibigó** (pluriel de **ikigó**). Nous trouvons l'expression **Ibigó bitāha ingoma** qui signifie "les grandes enceintes de la royauté, les possessions royales" (DRF 464, **gutāha**). Littéralement, la traduction serait "Les **ibigó** rentrent* dans le tambour" ou "dans le royaume" (trad. AS).

*Il s'agit ici du verbe **gutāha**, déjà rencontré dans notre présentation des lieux où se groupent les vaches ou les greniers; **intǎhwa** signifie "rentrer au logis, rejoindre son domicile, regagner sa maison".

Le terme **ikigó** est formé du même thème que **urugó**, **-go**, mais se distingue de lui par son préfixe (cf. 7, **iki-**). **Ikigó** est connue aussi par la locution **haruguru mu ikigó**, "dans le haut, **haruguru**, dans l'**ikigó**" (trad. AS).

C. La maison - Inzu

(v. fig. 9)

1. EXTERIEUR

En revenant d'**ikigó** par le passage d'**icanzo**, on peut maintenant monter vers le terrain où est dressée la maison. Elle s'appelle **inzu** (DRF 585) qui signifie aussi "groupe restreint de consanguins patrilinéaires se référant par les mâles à un ancêtre commun". Il peut être mis en rapport, selon F. RODEGEM, avec le verbe **kuzūka** (DRF 586) "sortir (de terre)", par extension "ressusciter".

La maison royale porte le nom de **ingóro** dont nous avons déjà parlé par rapport à la famille de mots provenant de ***-gor-** "être galbé, courbé" (DRF 122-123).

L'homme est "propriétaire de la maison", **umunéga** (DRF 277, du verbe **kunéga**, déjà rencontré, qui signifie "ficher..., jaillir (liquide)"), cette maison, dont les différents espaces portent des noms de parties du corps : **ibibero** "cuisses"; **imisáya** "tempes"; **umugôngo** "dos", coiffé par une "mèche de cheveu" **isunzu**.

Sa forme évoque de nombreuses images qui touchent la sensibilité de ce peuple comme en témoignant les exemples ci-dessous :

Inzu itagirá umuryângo
Irigo
"Quelle maison n'a pas de porte ?"
"Un oeuf" (DRF 382, **umuryângo**)

Nyamatanga irabúndikiye
Inzu
"La poule est en train de couvrir (ses petits) *de ses ailes"*
"La maison" (DION 1971 : 225)

Naaguteera hembé-rinwé maguru- ijana kabúno-kabozé
Inzu
"Ce qui a une seule corne", "ce qui possède cent pattes", "ce qui a un derrière pourri" !
*"La maison"**

*G. DION (1971 : 183) explique cette devinette de cette façon : "La corne désigne le bâton pointu au sommet du toit conique (au Rwanda); les pattes se rapportent aux piliers; enfin, les extrémités de ces piliers plantées dans le sol sont pourries".

Inzu vanje ifise inkǐngi imwé
Ikizinu
"Ma maison n'a qu'un seul pilier"
"Un champignon"

Pour GASARABWE (1971 : 177) "le nid d'oiseau est le symbole de la hutte sans piquets". En kirundi le "nid", **icǎri** (DRF 15) désigne aussi une "très petite maison". Avec cette comparaison, GASARABWE pense-t-il à la façon de construire la partie basse de la maison, **igisoko**, là où on pique (**-sok-**) les herbes dans les interstices ?

L'état de la maison semble avoir des répercussions sur la vie conjugale. Si jamais la maison a brûlé, l'homme doit attendre qu'elle soit presque entièrement reconstruite avant de reprendre des relations sexuelles avec sa femme (DRF 582, **imiziro**).

La femme enceinte, aussi, évitera de regarder une maison en train de brûler de peur de mettre au monde un enfant brûlé (NTAHOMVUKIYE, *QVS* 19 : 276).

2. L'ENTREE-VESTIBULE : UMURYÂNGO

L'unique entrée de la maison**, **umuryângo**, est une petite ouverture de 1,20 m qui fait "courber le dos des rois et des notables" (NTAHORUBURA, *QSV* 18 : 225).

Il y a parfois dans les maisons modernes, une deuxième porte **agasîmbaryângo (**-simb-**, "franchir" **-ryângo-**, "entrée"), dans le "dos" de la maison (DRF 382, **agasîmbaryângo**).

Bien enserrés entre les "cuisses", **ibibero**, ses deux poteaux, **ibishīmaryângo**, ornés de Papyrus et sa voûte débordante, **urukómaryângo** évoquent pour les Rwandais "une grande bouche" (DION 1971 : 82).

Le terme noble pour cette partie de la maison royale était **irébe**, en rapport avec le verbe **kurébera** "être instable", "avoir les oreilles pendantes (chien)" et de la famille des mots provenant de **-reb-** "pendre mollement" (DRF 243).

Pour attirer la pluie, le faiseur de pluie, **umuvurati**, fiche une lance spéciale "sans embout, fiché dans un roseau" **urugera**, devant l'entrée de la maison. **Urugera** (DRF 110) est aussi le nom de la houe avec laquelle on a tracé un cercle sur le sol avant de commencer la construction de la maison. Pour la chasser, il met des racines de l'arbre, **umumândá** (DRF 258) "ficus" *Sycomorus* sur le toit (BARAMPAMA 1975 : 43).

Le vestibule est aussi désigné par le terme **umuryângo*** (ou **umurêré** chez le roi). Ici, on trouve en entrant, à gauche le lit des garçons, **ikirǎmbi** (DRF 332) (classe 7, préfixe **iki-** du verbe **kurambika** "placer horizontalement, coucher à plat, étendre par terre"; d'autres mots sont en rapport avec **kurambika** : **umurǎmbi**, "plateau, colline" et, selon P. BUCUMI, **kuramvya** (DRF 334) "étendre les jambes").

*GASARABWE (1971 : 136) parle d'un "lobe gauche" ou un "lobe droit" dans le seuil. Nous n'avons pas rencontré une telle division pour **umuryângo**.

Au moment des deuils, les hommes viendront coucher dans le vestibule. Les femmes iront étaler leurs nattes par terre, près du foyer, non loin de l'endroit où couchent les filles, de la même façon, près du foyer, dans l'espace **mu mbári**. Sous le lit des garçons, on installe une espèce d'étable, **uruhǒngore**, pour les veaux.

Au milieu du vestibule, on ménage, en balayant bien, un endroit, éclairé par la lumière venant de l'entrée, où la fille, **inkúmi**, s'installe pour effectuer les petits préparatifs de la cuisine. Elle vanne les grains sur le grand van, **umutaro**, les pile dans le grand mortier et les moud (**gusya**) ensuite sur la grande pierre, **urusyo**, en appuyant très fort avec la petite pierre, **ingásīre**. Une devinette compare cette grosse pierre, **urusyo**, à la mère et la petite, **ingásīro**, au père (BOUCHARLAT 1975 : 105).

*A. BOUCHARLAT ajoute que "le symbolique sexuel s'exprime aussi par une gestuelle : moudre, baratter, etc.".

Le vestibule sert aussi de lieu de réunion pour les visiteurs venus bavarder avec la famille et boire, avec eux, de la bière de banane. Ils auront, bien sûr, la délicatesse de ne jamais s'avancer dans le **haruguru**. Ils se trouvent très confortablement installés sur un sol que la jeune fille a tapissé d'herbes fines, **ishîngé**** et où elle a déployé des nattes qu'elle a tressées elle-même.

****ishîngé**, du verbe **gushinga** "ficher"; de la même famille de mots, **urushîngé** "aiguille"; **umushîngé** "maison en construction à laquelle manque le toit" (DRF 424).

Pour les visiteurs de marque, elle les déploie seulement à moitié. On dit au Burundi :

Umukŏbwa n'akarago k'abarayé
"La jeune fille, c'est une natte pour les hôtes"
(SK 2868 : 297)

C'est également dans **umuryângo** qu'ont lieu les tractations des fiançailles. Les pourparlers entre les deux familles se déroulent entre hommes, les femmes sont cachées derrière la cloison du foyer, **inkingirizi**, pour écouter les conversations (Informateurs, Paris, 1975).

Après avoir étudié le rôle que jouent l'entrée et le vestibule, il est important d'analyser en profondeur les termes qui les décrivent.

Le vocable **umuryângo** "entrée, vestibule" est un homonyme de **umuryango** "famille" (litt. "ceux qui mangent ensemble"). Vu le sens de ce dernier, il est peut-être à rapprocher de **-ri** "manger", selon RODEGEM (DRF 382).

Ces deux homonymes ne sont pas en relation de dérivation à cause de la différence de ton*.

*GASARABWE (1971 : 132) a appris de A. KAGAME qu'une relation peut parfois exister entre deux homonymes de tons différents.

Néanmoins, dans les proverbes, nous les trouvons associés par jeux de mots (ainsi que les termes désignant "famille" et "manger") :

Umuryango uva ku muryângo
"La famille provient de la porte"
(SK 2973 : 306)

Umuryango uba ku muryângo**
"La vraie famille habite sur le seuil (dans le vestibule)*"*
(SK 2965 : 306)

**ku muryângo se traduit par les deux sens "sur le seuil", "dans le vestibule".

Umuryango uryoha uryâna
"La famille est (chose) *agréable, mais elle ronge"*
(SK 2972 : 306)

Pour les autres vocables, ibishímaryângo "chambranles" se décompose en -shim- "saisir"; -ryângo "l'entrée, vestibule" (DRF 382, igishímaryângo.

Urukomaryângo "la voûte", est formé de -kom-, "toucher" et ryângo "entrée, vestibule" (RODEGEM, 1974, *Analyse*, Bruxelles).

Autrement dit, les chambranles saisissent umuryângo et la voûte la touche, ce qui fait croire que le terme umuryângo, comme irêmbo, désigne plus spécialement l'espace entre les piliers et, dans ce cas, le vestibule aussi.

A ce propos, GASARABWE (1971 : 132) rend le sens de l'entrée, umuryângo (et umuryango, "famille") quand il traduit le mot par "celui qui mange les ingó" (pluriel d'urugó).

Pour fermer l'entrée, l'homme pose une claie en forme de bouclier, urūgi, contre l'entrée et le maintient entre les piliers, ibishímaryângo, au moyen d'un bâton, ikibando (du même radical -band- "presser du haut en bas" que umubândé "vallée", DRF 23).

Le vocable urūgi appartient à la famille de mots de -ūgi "claie, porte" où nous trouvons umwugariro "les branchages de l'entrée"; icūgi "claie servant de civière"; akugaso qui est un néologisme exprimant la "parenthèse" (DRF 525).

Selon les proverbes :

Akagenze k'umugabo kūgara urūgi atári kanini
"Le chef de famille, même de basse condition, ferme sa porte"
(SK 182 : 43)

Urūgi ruva ku muryângo imbého ikînjira
"La porte quitte le chambranle et le froid entre"
(Quand le père de famille s'en va (meurt), tout va à vau-l'eau)
(SK 3348 : 342)

Cette claie est enterrée avec le garçon de la famille quand il meurt (DRF 315, ugupfá).

3. L'INTERIEUR : HARUGURU

Vers le centre de la maison sont dressés deux piliers : **inkĭngi umugabo** "le pilier du père" et **inkĭngi igába** "le pilier de la lance". C'est ce dernier qui soutient le toit au milieu, le tout évoquant bien l'image de "la maison avec un seul pilier le champignon". Chez le roi il y en a trois qui soutiennent le toit.

Tous les piliers, comme nous l'avons vu, sont insérés dans les planches, **umwâshi**, à trois fourches au bout et n'en dépassent pas l'extrémité. Les planches soutiennent les **imitende** (de -tend- "prendre"), les cerceaux du toit. On ne met pas les **umwâshi** au feu du vivant de son père, cela lui porterait malheur (NTAHOMVUKIYE, 1976, Burundi).

Le terme **inkĭngi** comporte le même thème que **igikĭngi**, "les piliers d'**irêmbo**", mais ce dernier terme appartient à la classe 7.

On retrouve **inkĭngi** dans plusieurs expressions imagées :

inkĭngi z'amabêre (litt. "les piliers des seins")
qui signifie "les muscles du torse" et

inkĭngi z'ijuru (litt. "les piliers du ciel")
qui signifie "l'horizon".
(DRF 266, **inkĭngi**)

La référence au corps de l'homme s'ouvre ici sur un symbolisme cosmologique puisque le ciel, dans la cosmologie rundi, est considéré comme un grand couvercle.

Narárumije agasimbo kēzá kuri Ntárē n'ubu ntikarûgururwa
Ijuru n'isi
"J'ai adapté un couvercle sur une jolie corbeille déjà du temps de Ntare mais, jusqu'à présent, nul ne l'a ouvert"
"Le firmament et la terre"
(AR 380-381)

A ce propos, nous rencontrons un comble de ce genre au sujet du terme **agasôngero** (DRF 448, du radical -song- "être en pointe, commencer à pousser en pointe") qui décrit la voûte du toit. Du même radical est dérivé l'un des théophores de l'être suprême, **Isŏngore** :

Narîriye ku-nkōko nyĭnshi iyanániye
Agasôngero
"J'ai pris mon repas dans différentes corbeilles, mais il y en a une où je ne suis pas encore parvenu à le faire"
"Le toit de la maison (**agasôngero**)*"*
(DRF 448)

Sur ce toit sera fichée la houppe, **isunzu** (dans la maison sans houppe, c'est la partie supérieure qui s'appelle **isunzu**). Voici plusieurs proverbes à ce sujet :

Umwâna w'îséma avukana isunzu
"L'enfant porte-malheur naît avec une houppe"
Ou bien son père mourra bientôt, ou bien lui-même ne vivra pas (SK 3175 : 325)

Umwâna w'umusure avukana isunzu
"Le jeune moineau naît avec une houppe sur la tête"
Tout jeunes, les enfants ont déjà de qui tenir et reproduisent des traits de caractère de leurs parents (SK 3185 : 326).

Pour pénétrer dans l'intérieur de la maison, **haruguru**, il faut traverser l'espace, **umurêre**, créé par ces deux piliers centraux qui sont à l'extrémité des deux grandes cloisons en bambou, **inkingirizi** et **urusîka**. Les cloisons cachent l'intérieur au regard des visiteurs curieux. Elles commencent juste au même niveau de l'enceinte qui, à l'extérieur de la maison, sépare l'avant-cour, **urugó**, de l'arrière-cour, **ikigó**. On peut dire aussi **haruguru mu kigó**, "dans la cour secondaire" (DRF 372, **haruguru**).

Nous avons déjà rencontré le terme **haruguru** pour décrire le haut de la colline et de l'avant-cour. Le **haruguru** de la maison est le lieu où se trouvent le foyer, **izîko**, et la chambre à coucher, **uburiri**. Ce lieu intime dans le palais s'appelait **ikare** et l'expression **ab-ikare** se référait aux "femmes en général" (DRF 215, **ikare**).

a. Le foyer - Izîko

Regardons d'abord le foyer, **izîko** (DRF 575). Ce terme provient du verbe **kuzīka** (DRF 576) "enfouir sous la terre (la cendre, l'eau ...), enterrer", comme une "racine" **umuzi** (DRF 571), qui appartient à la même famille de mots.

Nous avons déjà décrit le foyer qui consiste en une claie, **urusenge**, qui protège une aire de terre circulaire, aux bords relevés, **urubûmbiro**, au centre de laquelle sont implantées trois pierres, **amashíga** (cf. Photo 10).

La claie, **urusenge**, en bois et en roseaux qui couvre le foyer est en forme de trapèze mais, dans l'imagination des gens, elle ressemble à un "bouclier qui sèche debout" (DION 1971 : 116).

Elle repose sur quatre piliers, **inkǐngi**, qui sont entaillés, **ihango** (DRF 143) pour recevoir les traverses, **unwaro**, de la claie. Ces quatre petits piliers sont solidement liés à quatre grands **inkǐngi** qui soutiennent le toit.

> Ce terme **ihango** "entaille" provient de **guhanga** "consolider une grande cruche au moyen de tresses, renforcer"; il est également en rapport avec **impângé** "jarre".
> (DRF 142-143).

Le tout mesure à peu près 1,50 m et arrive à mi-hauteur de la maison. Ceux qui ne se baissent pas assez avant de s'asseoir risquent d'être "tués par le bois de la claie" umwaro, nous disent les proverbes (SK 444 : 67).

Le terme urusenge comporte le même thème -senge que igisenge "le toit de la maison", ils se distinguent par le préfixe uru- (classe 11) pour urusenge et igi- (classe 7) pour igisenge. La même opposition de classe existe entre urugó et ikigó, les termes qui désignent les deux cours.

C'est sur cette claie qu'on dépose des choses à sécher : nourriture cuite ou non-cuite, bananes à mûrir, bois de chauffage et pots précieux, contenant la bière de banane à fermenter (Informateurs : Paris, 1974 : Burundi, 1975).

Figurativement, on dit kurâra mu rusenge "se coucher sur urusenge", pour décrire une personne qui devient sèche, qui "perd sa fraîcheur" pour cause de maladie ou pour toute autre raison (P. SIRIBA, Paris, 1975). Cette expression nous rappelle le lit de mort du roi, ikigwa, construit au-dessus d'un feu, allumé juste au milieu de sa nouvelle résidence de mort. C'est sur ce lit que le roi est boucané (NDAYISHINGUJE 1977 : 6).

La claie est frappée de certains interdits. La femme n'a pas le droit d'y grimper. Personne ne la brûle du vivant de son père. On ne pose pas le bâton du vacher, inkoni, sur le urusenge, de peur de faire du mal aux vaches.

On ne laisse pas une goutte de lait tomber dessus, les vaches ne donneraient plus de lait. Le lait doit d'ailleurs éviter tout contact avec le foyer; il ne faut jamais chauffer le lait (NTAHOMVUKIYE, Burundi, 1976).

Au-dessus d'urusenge se trouve un cercle d'argile ou de terre battue, urubumbiro*.

*Du verbe kubûmba "arrondir" ou "modeler (argile)" (DRF 44), déjà rencontré dans le terme ikibûmbarugo (-bûmb, "modeler, arrondir", -gó urugo) "femme courageuse, économe" "qui tient bien son ménage" (DRF 116, -go).

Ce cercle est aussi connu par le nom umuzi "racine" (DRF 571).

Une fille ne peut jamais s'asseoir sur urubûmbiro de peur de ne pas trouver de mari ou, si elle a un fiancé, de le perdre (NTAHOMVUKIYE, QVS 19 : 280).

Les trois "pierres", amashíga, proviennent des termitières*. Elles sont bien enfoncées dans la terre, deux faisant face à l'entrée du foyer, umurêré, et une vers le fond**. La femme ne déterre jamais l'une de ces pierres, de peur de faire du mal à son mari (NTAHOMVUKIYE, QVS 19 : 273).

*La termitière figure dans une devinette du Rwanda :
Wuuriri igisiingu ubabyaara ubunyegeri
"Si tu montes sur une termitière tu engendreras des fourmis"
(BOUCHARLAT 1975 : 105).
**Il existe un lieu de culte de la fécondité au Burundi; il est organisé autour de trois gros rochers, disposés de la même façon que les pierres du foyer. Il a été découvert au bout d'une falaise qui donne sur une grande cascade (RODEGEM, MC, 1971b : 1-6).

Le vocable **amashíga** (DRF 419, pluriel de **ishíga**) est en rapport de dérivation avec le verbe **gushigikira** "soutenir". **Amashíga** désigne aussi des stagiaires auprès des notables.

L'espace entre les trois pierres porte aussi un nom, c'est **umuhúro** (DRF 181), terme qui désigne aussi "un sentier entre deux haies". Il provient de la même famille de mots que le vocable **impúzo** "entrée dans la ruche" (DRF 183).

L'espace qui sépare les pierres, du côté de l'entrée, est plus large que les deux autres et c'est par là qu'on fait entrer le bois (Informateurs, Paris, Burundi, 1976).

C'est la femme qui prépare le bois et le feu. On a vu que, pendant la cérémonie du mariage, la nouvelle épouse ramasse le bois de chauffage tandis que l'homme rassemble le bois pour fermer l'enclos.

Le feu lui-même s'appelle **umucǎnwa**, de la même famille de mots que **igicâniro** "feu des vaches" (classe 7, préfixe **igi-**), provenant du radical **-can-** "mettre le feu à"* (DRF 53).

*Au sujet des vocables désignant les deux feux, on peut essayer d'en faire une analyse linguistique : dans le terme **umucǎnwa**, nous trouvons l'infixe **-w-** de la forme passive comme dans le verbe **gucânwa** "être mis au feu" dont **umucǎnwa** est dérivé. Pour le terme **igicânriro**, nous trouvons l'infixe **-ir-** qui signifie "en faveur de" (RODEGEM, PG : 146-147).

On ne prend jamais de feu du côté **mu mbári**, le côté des enfants, pour allumer le feu des vaches**.

SABUSHATSE (1976 : 46) explique que **mu mbári est le côté où s'asseyent les enfants et "les enfants ne sont pas toujours prudents", "ils risquent de provoquer un incendie". Il nous informe que l'on prend du feu dans le grand espace qui fait face à l'entrée pour allumer le feu des vaches. C'est la mère ou la fille aînée qui le donne au père de famille.

Durant la journée, c'est auprès du foyer que la femme baratte ou prépare la pâte. Ce sont les seules activités qui se déroulent dans cet endroit. Elles ont presque un sens rituel car, pendant le barattage ou la préparation de la pâte, la mère ne parle jamais.

Lorsqu'elle se met à baratter, elle s'assied sur une étoffe, **urwahi**, posée par terre, les jambes étendues, **kuramvya**. Elle place la baratte, **igisābo**, entre ses jambes et commence à l'agiter dans un mouvement de va-et-vient dirigé vers elle. Le beurre qui en sort est comparé, dans les devinettes, à "une pierre déféquée par l'eau" (DION 1971 : 61).

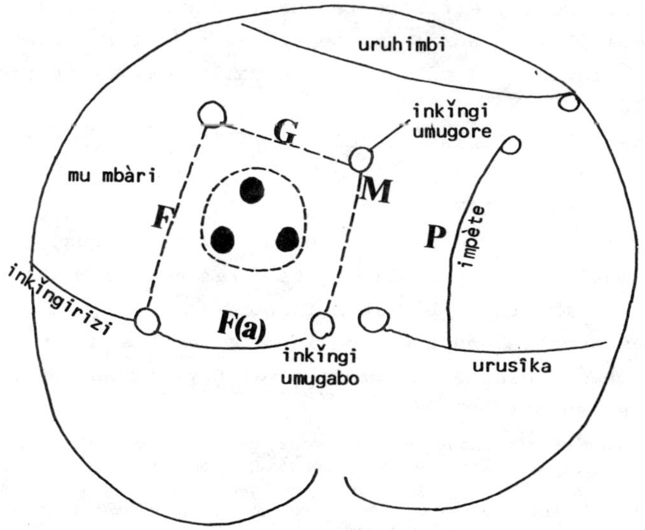

P = père
M = mère
F(a) = fille aînée
F = filles
G = garçons

Fig. 10 - POSITION LORS DU REPAS

La pâte est faite à partir de graines de maïs ou de sorgho, etc. moulu. La femme fait bouillir de l'eau; elle en met une partie dans un récipient taillé en bois d'Erythrine (comme les pots à lait). La farine est versée dans l'eau qui reste, pour former une pâte (G. BIRIHUNYUMA, Paris, 1975). Cette pâte est comparée, dans une devinette, à un enfant qui ne sait pas s'il doit s'attacher à la spatule, le père, ou à la marmite, la mère :

Ubutárondéye inága burondera umwuko
"La pâte qui n'attache pas à la marmite s'attache à la spatule"
Un enfant ressemble soit à son père soit à sa mère (SK 228 : 241)

La pâte préparée, la famille, **umuryango**, peut venir s'asseoir sur les herbes étalées par la mère pour "manger ensemble" (DRF 382; rappelons que littéralement **umuryango** signifie "ceux qui mangent ensemble"). Le père se mettra devant l'une des pierres, le dos tourné vers la cloison, **impe̍te**. S'il y a beaucoup de visiteurs, il s'adossera carrément contre cette cloison. L'endroit où il s'assied s'appelle **icīcariro** (DRF 188 de **icīcaro** "siège" qui peut signifier aussi "siège d'une société") ou **imbere** "devant".

La mère est à sa droite, devant un intervalle entre deux pierres, le dos contre l'un des piliers du toit (ligoté à un pilier d'**urusenge**) **inkǐngi umugo̍re** "le pilier de la femme", près d'**uruhimbi**, l'étagère. Les garçons seront à sa droite, devant une pierre et plutôt dans **mu mba̍ri**, le fond du foyer.

Les filles se placeront devant un autre intervalle et carrément dans la partie **mu mba̍ri**, vers la paroi où l'on place parfois aussi l'**uruhimbi**. C'est là qu'elles dorment la nuit par terre, sur une natte.

S'il y a des visiteurs, les femmes se mettront près d'**uruhimbi** et les hommes près de l'entrée (Informateurs, Paris - Burundi).

Il reste celle qui va faire la cuisine. En principe, c'est la jeune fille, l'aînée (ou la mère). Elle se mettra devant la grande **uruhúro** qui donne sur l'entrée par où sortira le feu. Pour se détendre un peu, elle s'adosse parfois contre la cloison **inkingirizi** (de **-king-** "fermer" et **-ir-** "en faveur de", analyse AS, cf. PG 146).

A côté d'elle, la marmite pour la cuisine, **inága** (DRF 272, du verbe **kunága** "reprendre vie"), sera posée dans une partie creusée dans la terre, de sorte qu'elle dépasse à peu près de moitié le niveau du sol. La marmite à eau est, par contre, posée sur un coussinet **ingáta***.

*L'expression **ingáta y'umugôngo** veut dire "le coccyx" (DRF 105, **ingáta**). Notre traduction littérale "le coussinet du dos" (**umugôngo** "dos").

Quand la jeune fille s'en sert, elle prend la marmite et la pose sur les trois pierres.

Le père est servi le premier et, dans certains cas, il mange à part. Lorsqu'il boit du lait, il est le seul à pouvoir rester debout. La femme est assise, les jambes étendues, **kuramvya**, comme pour le barattage; il en est de même pour les enfants mais, pour eux, on dit **kuramvya bunyána**, "étendre les jambes", "à la manière d'un veau" (DRF 294, **bunyána**).

Le père et la mère boivent dans les **ivyansi**, "les pots à lait", les enfants dans la courge **inkongōro** ("les enfants y mordent", DRF 235, **inkóngoro**. Selon nos informateurs, il est de rigueur de boire le lait avec la pâte (on avale la pâte avec le lait, disent-ils) et il existe en kirundi un verbe qui décrit cette façon de consommer le repas (NTAHOMVUKIYE, Burundi).

Juste derrière le foyer, contre le "dos" de la maison, se trouve l'étagère, **uruhimbi**, en bois et en petits roseaux. C'est l'un des endroits les plus importants de la maison car c'est sur elle que reposent les objets liés au lait. Elle est parfois construite contre la paroi qui est directement opposée à la chambre à coucher, plus précisément dans le **mu mbári**.

Au milieu de la claie se place la grande calebasse, la baratte, **igisābo** (DRF 387, qui est aussi un terme noble pour "le ventre du roi"). D'un côté sont posés les pots à lait, **ivyǎnsi**, que l'homme utilise pour la traite, bien coiffés de leur couvercle en forme évasée, et d'autres calebasses, comme **icākirizo**, où l'on conserve le lait pour le barattage.

De l'autre côté, on pose les paniers destinés aux cadeaux, **ibiseko**, **ibikemanyi**, et ceux qui servent de plats, **inkōko**. On n'y range jamais les marmites pour la pâte ou les légumes.

Parfois, en cas de besoin, les objets gardés sur l'étagère peuvent être placés aussi sur le lit (Informateurs, Burundi).

A cause de l'association d'**uruhimbi** avec le lait, très peu de gens ont le droit de s'en approcher. C'est totalement interdit aux serviteurs. La jeune fille, par contre, semble spécialement attachée à ce lieu car, à sa mort, la claie de **uruhimbi** est enterrée avec elle (DRF 315, **ugupfá**). Au Rwanda, un taureau qui renverse un récipient placé sur **uruhimbi** peut causer la mort de la fille de la famille (GASARABWE 1971 : 182).

On se rend compte de la valeur d'**uruhimbi** (DRF 161), car c'est aussi un néologisme qui désigne "le banc de communion" **uruhimbi rutagatifu** (sacré)*.

*Nous trouvons le vocable **igihimbi**, "civette" qui semble aussi contenir le thème **-himb** bien que RODEGEM ne fasse aucun rapprochement.

b. La chambre à coucher - Uburiri

Nous passons ensuite à la chambre à coucher, **uburiri**. Ce terme **uburiri**, appartient à la classe 14, habituellement réservée à des noms de lieux (ou à des colonies); ainsi le pays, **Uburundi** ou le royaume, **Ubwǎmi**.

Le terme qui désigne le lit royal, **ikirwa** (DRF 379, de la classe 7), semble avoir le même thème que **uburwa** (de la classe 14) qui signifie "colline, pente où habitent les gens". Ces deux termes nous renvoient au rapprochement entre **ikirǎmbi** "lit des garçons" (DRF 332, également de la classe 7) et **umurǎmbi** "plateau, colline" (ou "contrée, région").

Pour gagner la chambre il faut passer par un seuil fermé par deux piliers du toit, comme pour l'entrée du foyer, et qui porte exactement le même nom que celle-ci, **umurêrę**. Au Rwanda, ces piliers sont enterrés avec le maître de la maison, à sa mort.

Niché entre ses deux cloisons, **impete** (DRF 157, de **guheta**, "plier", d'où l'expression **guheta amabega** "faire le gros dos") et **urusîká** (DRF 440, de **gusîkura**, "étendre un paravent"), le lit est construit de la même façon que **urusenge** : une claie en forme de trapèze maintenue par deux traverses, **umwaro**, qui s'insèrent dans les piliers, **inkǐngi**, fourchus, **ihango**. Cependant, les piliers du pied, **inkǐngi umurambizo*** sont plus courts que ceux de la tête, **umuségo**, de sorte que la claie penche vers le bas.

*__Umurâmbizo__ "endroit du lit où reposent les pieds" signifie dans la phrase suivante "__umurâmbizo y'imisozi__ "au pied des collines". __Umurâmbizo__ est à rapprocher du verbe __kurambika__ "placer horizontalement, coucher à plat", "étendre par terre", comme les vocables __ikirǎmbi__ "lit des garçons" et __umurǎmbi__ "plateau, colline" (contrée, région) déjà mentionnés (DRF 332).

A la tête du lit, **umuségo** (DRF 404, du verbe **guséguka** "être renflé"), la femme dispose des herbes pour former un oreiller bien rembourré (**guséguka**). Et elle recouvre tout le lit, **gusakāra** (DRF 390, signifie aussi "couvrir un toit"), d'herbe d'**urukângaga**, cette même herbe que l'on brûle pour faire le feu des vaches, **igicâniro**. Les nattes qu'elle étale sur le lit seront tissées en ubuhoro, le matériau qui sert à fabriquer les nattes mortuaires, **indava**, pour envelopper les cadavres (NDIGIRIYE 1969 : 262).

Le lit semble si haut pour les Barundi (il a 1,20 m de haut) qu'ils le comparent à une montée vers la colline :

Wámi i Nkóma n'i Ngōzi
Ku buriri bw'înkona
Bwŭriyekw abavyêyi
Bukururuka ibibondo
"Tu pousses à Nkoma et Ngozi
Sur la couche de l'aigle où sont montées les mères
Et dont descendent les poupons"
(AR 175-176)

Selon la revue *QVS* (2 : 18) "le nid d'aigle" se réfère au lit des parents.

On y monte au moyen d'une échelle, **icûririzo c'ubuririri**, dans un endroit qui s'appelle **ku umurere** (aucun rapport linguistique avec **umurêré** "seuil"). **Umurere wo mu-ngoro** veut dire "rembourrage en terre, bourrelet de terre battue à l'entrée du palais"; **umurere w'înzuki** désigne le "canal par où passent les abeilles, les fourmis blanches" (DRF 352, **umurere**).

Le lit est essentiellement le domaine de la femme. L'homme n'y grimpe jamais sans sa permission. Le seul fait qu'il en manifeste l'intention signifie qu'il désire des rapports sexuels (BOUCHARLAT 1975 : 106).

Il faut montrer du respect envers ce lieu. Il est, par exemple, mal vu de manger sur le lit, de peur d'attirer des poux. L'homme n'y mange jamais (NTAHOMVUKIYE, QVS 19 : 279).

Certaines parties du lit figurent dans les rites des funérailles notamment. On enterre la traverse, **umwaro**, avec l'homme, et les piliers fourchus, **inkǐngi ihango**, avec la femme (Informateurs, Paris, 1973). Il ne faut pas non plus brûler les **umwaro** ou les piliers pendant que la maison est debout (NTAHOMVUKIYE, Burundi, 1975).

La tête du lit joue aussi un rôle. La femme qui vient de perdre un enfant mettra la placenta de celui-ci à côté de l'oreiller dans l'espoir d'enfanter de nouveau (NDIGIRIYE 1969 : 264). Quand la femme est prête à accoucher, l'homme place à la tête du lit un van, **umutaro**, pour que l'enfant puisse passer plus facilement sinon "le bassin sera trop étroit" (DRF 526, **akūgi**, comme le précise F. RODEGEM). C'est également au chevet du lit que l'homme et la femme placent l'eau, **amâzi y' imâna**, avec laquelle **imâna** crée leur enfant.

Les positions du corps sur le lit obéissent à certaines règles. Il faut que la tête du lit soit toujours tournée, soit vers l'entrée de la maison, soit vers **urugó**, soit en direction du foyer, selon les divers informateurs. Pour d'autres, les pieds sont toujours tournés vers l'extérieur.

De plus, l'homme dort toujours sur le côté extérieur du lit, la femme bien protégée entre lui et la cloison, **impete**, pour qu'il puisse sauter tout de suite à terre en cas de danger et courir vers l'entrée de la chambre, ou par-dessus **urusîka** pour atteindre plus rapidement l'entrée de la maison.

Pendant les rapports sexuels, l'homme se met sur son côté gauche, la femme sur son côté droit.

Le dessous du lit, **urutára** (DRF, 475, du verbe **gutaramuka** "se retirer") est interdit à l'homme. La femme le sait bien et s'y réfugie (**gutáramuka**) pour éviter la colère de son mari. Elle y place des objets à elle que personne n'ose toucher.

Dans plusieurs maisons, on laisse dans **urutára** un vieux pot rempli de semences (BUCUMI, Paris, 1974).

D. Les rites de naissance

Après avoir discuté de la structure de la maison, il est nécessaire, pour en approfondir le symbolisme génétique, d'évoquer les différentes phases de l'accouchement chez les Barundikazi, car là réside l'une des principales clés de notre interprétation.

Le moment suprême dans la vie d'une femme mariée, le moment où elle est officiellement reconnue comme l'épouse de son mari, sera quand elle devient enceinte **gutwâra inda**, (littéralement : "porter le sein") et met son bébé au monde*

*Ce même verbe **gutwâra** qui signifie "porter sur la tête" (bière) ou "gouverner un territoire" (DRF 518).

Le jour de l'accouchement, on faisait venir des membres de sa famille pour l'aider mais généralement pas les hommes. Traditionnellement, la femme n'accouchait jamais sur le lit. Elle se mettait par terre, à genoux sur l'étoffe **urwahi** (la même sur laquelle elle baratte), adossée à un pilier du foyer.

Le pilier est considéré parfois comme "plus compréhensif qu'un mari contrariant" (DRF 273, **inâma**).

Dans les cas urgents, il arrivait que son mari vienne à son aide et qu'il se mette derrière elle pour la soutenir (DRF 551, **kuvyâza**).

Lors d'un accouchement difficile, la famille a recours à tous les remèdes possibles pour faciliter la venue au monde de l'enfant. Voici l'un des rites pratiqués.

Pendant un accouchement difficile, on envoie l'aîné des enfants chercher le pilon du mortier. A son retour, on frappe la paroi de la hutte, le "dos", avec cet instrument, en disant :

> **Ndaguciye kuvyara nduhiriria umugongo**
> *"Je t'ordonne de mettre l'enfant au monde et de donner du repos à mon dos"*
> (VEKEMANS 1974 : 54, trad. P. BUCUMI, Paris, 1975).

Le verbe **kuruhūrira** (DRF 373) se définit aussi "soulager en déchargeant quelqu'un (d'un travail, d'un fardeau)" autrement dit, enlever un poids moral ou physique.

Une deuxième pratique commence par une longue préparation que fait le mari avec l'herbe **umuvúma**.

Ensuite :

> "Il prend une courge neuve, remplie d'eau, part en courant, muni de sa lance, arrive auprès du buisson qu'il cherche. Il jette sa lance à travers celui-ci et la fiche en terre ainsi de l'autre côté. Il plie une branche vers le bas, en prenant garde de ne pas la rompre, ce qui casserait le dos de sa femme. Il froisse les feuilles, sans les cueillir, dans la courge, en veillant à ne pas joindre les pouces... (il fermerait le corps de sa femme... empêcherait la naissance...). Il laisse remonter la branche, reprend sa lance et retourne à la maison. *Il entre par la petite porte*, **agasimbyaryângo**, *s'asseoit et sort par la porte*. Il place sa *lance* de façon telle que le fer soit *à l'intérieur* et *le bois à l'extérieur*. Il laisse couler le remède sur la lance. La femme boit le remède, le mari lui dit : ... **Ndakubanguye**, c'est-à-dire que le jour d'accoucher n'est pas encore arrivé".
> (VEKEMANS 1974 : 53-54).

C'est juste après la naissance qu'une femme coupe le cordon ombilical de l'enfant. On ne jette jamais le cordon par la porte. On le fait passer par la paroi de la hutte, pour que la grand'mère puisse l'enfouir ensuite (DRF 584, **uruzogi**).

Après avoir coupé le cordon qui lie l'enfant à la mère, on peut s'occuper de l'accouchée. On lui fait un petit lit d'herbe et de bois, par terre, près du foyer et de **uruhimbi**; ce lit s'appelle **ikiriri**, du terme **uburiri** "lit"*.

*Nous retrouvons encore l'opposition de préfixe **iki-** de la classe 7 à une autre classe, comme dans les cas de **igikingi**, **igisenge** et **ikigó**.

C'est son petit nid, **umwǎri** (du radical **-ǎri-**, "nid") terme désignant une "femme prenant son repos après l'accouchement". Elle y reste plusieurs jours, suivant qu'il s'agit d'un garçon ou d'une fille, en général plus longtemps pour le garçon. Pour le septième enfant, elle reste cloîtrée sept jours.

Pendant sa réclusion, elle reste près d'**uruhimbi**. Elle mange seule et de la nourriture dont elle dispose dans la maison. Elle n'a pas de rapport avec son mari. Si elle veut sortir, c'est par la petite porte, **agasímbaryângo** (dans les maisons à deux portes) qu'elle doit passer pour éviter la porte principale; elle est munie d'une serpette, **umuhoro**, instrument du mâle, interdit à la femme (NSAVYIMANA 1973 : 20 et DRF 445, **gusohora**).

Quand la mère et l'enfant ont observé le temps de la réclusion, l'enfant peut sortir. Une femme ménopausée rassemble des jeunes enfants des collines pour aller couper, **gucá**, des branches, **urweyo**, (*Diodia scandens*) et des fleurs.

Ils reviennent à la maison et ils posent les feuilles sur la baratte. En attendant, la mère a préparé une pâte mélangée avec les excréments de son enfant*.

*Elle donne cette mixture à manger aux enfants dans l'espoir d'avoir une grande progéniture (NSAVYIMANA 1975 : 22).

On prend l'enfant, on le place au milieu des branches et on met les fleurs dans un grand panier plat.

On met une feuille d'**urweyo** dans l'un des **amakóma** "cerceaux" (DRF 133, de **gukomera**). Pour le premier enfant, on la fiche dans le premier cerceau du bas, pour le deuxième dans le deuxième **ikóma****, ainsi de suite, jusqu'à ce qu'on arrive au sixième cerceau.

Au Rwanda, le gros cerceau au milieu s'appelle **nyina "maman" (BOUCHARLAT 1975).

Pour le septième enfant, on monte sur le toit et on tire une flèche vers les quatre points cardinaux (NSAVYIMANA 1975 : 22) en disant : "Mon père et ma mère on atteint le numéro 7" (DRF 445, **gusohora**). Le septième enfant s'appelle **Nyamizi** (DRF 571) "la famille est bien enracinée" (de la même famille de mots que **umuzi** "racine").

La femme portant l'enfant sur son dos sort de la hutte par la porte principale, puis par **irembo**, entrée principale de la cour. Sur sa tête, elle porte le panier dans lequel elle transporte de la bouse de vache. Elle a une houe sur l'épaule et, dans la main, une calebasse pleine d'eau, ainsi que différentes variétés de semences.

Le mari l'accompagne, la serpette à la main.

Une fois dans les champs, la vieille et la mère prennent la houe ensemble et commencent à semer et arroser la culture, puis elles vont chercher du bois ensemble.

Tout le monde revient vers l'enclos, **urugó**, et rentre par la grande entrée, **irêmbo**. Mais, au lieu de retourner directement à la maison, ils passent par **icanzo** dans l'arrière-cour, **ikigó**, où le mari plante, au nom du garçon, un bananier aux bananes naines, **igicápa**, et un Ficus **imimânda**, signe d'héritage. Pour la fille, il ajoute des branches à la palissade qui entoure l'enclos (NSAVYIMANA 1975 : 21-23 et Informateurs Barundi).

III. INTERPRETATION

A. Le corps androgyne

1. LA MAISON

a. Corps féminin

Nous commencerons notre synthèse en regardant d'abord la maison. L'un des premiers point essentiels, nous semble-t-il, est que certaines parties se distinguent par des noms empruntés au corps humain : les cuisses, ibibero ("la face externe") de chaque côté de l'entrée; à l'extrémité de la hutte imisaya "les tempes/mâchoires"; derrière : umugôngo "le dos" et le haut isunzu (parfois une partie supplémentaire) qui représente une houppe ou des mèches de cheveux. A l'intérieur, le toit de la case s'appelle igisenge d'où l'expression : Ibisenge vy'imbavu "le diaphragme" du corps humain*. A ne pas oublier que toute la maison, avant la pose du chaume, s'appelle un grand "squelette", urukǎnkara rw'inzu.

*Ibisenge vy'imbavu sera littéralement "les toits du côté" (notre traduction).

Les termes en eux-mêmes nous semblent se prêter à un certain regroupement selon les parties du corps qu'ils veulent représenter. Si nous commençons par isoler les termes décrivant les cuisses, le dos et le diaphragme (dont le concept de squelette est sous-entendu) nous nous trouvons dans la possibilité, croyons-nous, de déceler une forme humaine qui débute au niveau des cuisses et continue jusqu'au dessous des seins**, autrement dit, une sorte de torse.

Il se peut aussi que, par extension, les deux verges croisées au faîte du toit soient le symbole d'un sein; les verges sont tissées en Papyrus, matériau de la femme : l'ensemble des piliers soutenant le toit inspire en effet l'image poétique **inkǐngi z'amabêre, littéralement "les piliers des seins" (notre traduction), locution qui signifie "les muscles du torse" (DRF 226).

Peut-être cette démarche semble-t-elle forcer les données présentées ici; nous croyons pourtant pouvoir la justifier par le fait que nous retrouvons ailleurs cette correspondance entre le corps et la maison. Une devinette, par exemple, associe la maison (sans porte) et un oeuf, forme arrondie et réceptacle de la vie.

Une autre l'associe à la poule "couvrant de ses ailes ses petits", comparant ainsi la maison à un être vivant qui recouvre des enfants.

Le terme **ingóro**, décrivant la maison du roi, contient aussi la notion de rondeur* (grâce au radical ***-gor-** "être courbé, galbé" dont il est dérivé. Il est donc automatiquement mis en rapport avec tous les autres termes provenant de ce radical comme **umugóre**, vocable de la même famille de mots, désignant la femme.

*Il en va de même dans la devinette qui compare la maison à la lune.

L'étude de quelques interdits nous amène encore plus loin dans cette ligne de réflexion. Prenons celui, par exemple, qui empêche la femme enceinte de regarder une maison incendiée de peur de mettre au monde un enfant brûlé. L'état de la maison a donc une influence directe sur celui de la femme, ou, dirons-nous, de la matrice qui contient l'enfant, créant ainsi une identification entre la maison et la femme.

Dans le même ordre d'idées, nous avons aussi l'interdit qui défend à l'homme de reprendre des rapports avec sa femme avant que leur maison brûlée soit reconstruite. Notre explication serait que l'homme ne doit pas pénétrer sa femme s'il ne peut pénétrer la représentation de son corps à elle, reconnue par nous comme la maison familiale.

Ce sera finalement dans les pratiques en usage au moment d'un accouchement difficile que nous discernerons le mieux la maison et la métaphore du corps. Nous allons encore en rappeler les détails. La femme est déjà adossée à un pilier du foyer; on tape sur le "dos" de la maison pour soulager (**kuruhūrira** "enlever un poids") le dos de la mère où l'on croyait anciennement que logeait l'enfant (**igihirangôngo** "enfant resté dans le dos de sa mère") avant de naître. Cette pratique suggère une sympathie entre le dos de la maison et le dos de la mère.

Il existe également une pratique qui consiste à aller chercher un remède fabriqué avec l'herbe **umuvúma** que le mari placera sur la lance qu'il pose dans l'entrée, la partie en fer faisant face à l'entrée. Ensuite il marche également de la porte arrière, si elle existe, vers l'entrée et sortira dans la cour. Ce dernier rite nous invite à examiner de plus près l'entrée principale, par où est sorti le mari.

Elle se situe entre les "cuisses" de la maison et, de ce fait, doit signifier, selon l'un de nos informateurs, ce que l'on trouve entre les cuisses de la femme. Cette interprétation nous paraît fort plausible pour les raisons suivantes.

Cette ouverture est si petite que l'on dit qu'elle fait "courber le dos des rois et des notables". La femme enceinte ne doit pas regarder quelqu'un qui se trouve en travers de l'entrée, sinon elle n'enfantera pas. C'est également à l'entrée que l'on accroche un objet pour signaler une naissance dans la famille.

A notre avis, l'entrée semble bien apparaître comme une représentation du vagin par où naît l'enfant. Ses trois parties ouvertes : la voûte pré-éminente, **urukómaryângo** et les deux charpentes, **ibishímaryângo**, pourraient être les trois organes de la femme, ces deux derniers tressés d'ailleurs en Papyrus, matériel lié à la femme. De plus, le terme royal, **irebe**, décrivant cette partie de la maison, se trouve en relation avec le verbe **kurébera** "avoir les oreilles pendantes (chien)", suggérant bien les petites lèvres de la femme qui sont étirées, **gukana**, quand elle est plus jeune.

Quant à la lance, c'est un symbole phallique au Burundi. La mettre dans l'entrée, la partie en fer, la tête, à l'intérieur, nous paraît une manière d'évoquer la pratique de l'homme de multiplier les rapports pendant la grossesse de sa femme pour élargir le vagin par où éventuellement passera son bébé. (Nous ignorons le sens du remède **umuvúma**). Et l'homme passera de l'intérieur vers l'entrée, vagin symbolique, comme si lui-même était l'enfant sortant du sein de la mère, dont la maison est le symbole. Ainsi il espère précipiter l'accouchement.

En ce qui concerne les dernières étapes entourant la naissance, on ne jettera pas le cordon ombilical par la porte, mais on ménage un trou dans la paroi de la hutte pour le faire passer. Cette pratique semble suggérer que le cordon ne doit pas franchir l'entrée par où naîtra symboliquement l'enfant quelques jours plus tard, lors de la cérémonie de **gusohora** "faire sortir", par laquelle sa naissance est reconnue par la société. C'est une référence symbolique au fait que, dans l'accouchement, le cordon ne peut "sortir" avant l'enfant.

La femme ne doit pas non plus quitter la maison avant la fin de la réclusion, avant la deuxième naissance*.

*Si elle se trouve dans l'obligation de le faire, elle se munit d'un instrument masculin, la serpette, et prend la porte arrière pour éviter l'entrée, lieu de naissance. L'emploi de la serpette ne nous est pas tout à fait clair, sinon que la femme se trouve peut-être masculinisée par le fait que son accouchement n'est pas entièrement achevé.

L'image d'une forme féminine ne semble pas se limiter uniquement à la maison; l'arrière-cour, **ikigó**, illustre aussi ce langage du corps.

Ikigó est derrière le "dos" de la maison; c'est une cour fermée pour les lavements anals et les petits besoins.

L'ouverture minuscule, **icanzo**, par laquelle on passe difficilement, inspire, dans les berceuses, des sentiments de honte à cause de sa connotation de stérilité*.

*Le deuxième **icanzo**, construit toujours dans la partie la plus sèche de la palissade de **urugó**, semble renforcer la notion de stérilité, le fluide, **imâna**, symbolisant la vie au Burundi.

Icanzo, qui relie **ikigó** à l'extérieur, n'est pas vu non plus comme une entrée, ni dans la langue (**kwanzura**, le verbe dont est dérivé **icanzo** a le sens d'écarter quelqu'un ou quelque chose), ni dans les proverbes qui décrivent **icanzo** plutôt comme une échappatoire que Dieu vous fournit pour éviter votre ennemi ou comme "la porte de service" pour la mort.

Lieu fermé où se déroulent toutes les activités anales et dont l'étroite ouverture, au côté opposé de la maison, représente plus une échappatoire et la sortie pour la mort, **ikigó** nous paraît donner l'impression de la partie arrière du corps humain dont l'anus sera symbolisé par **icanzo**, (la sortie de la mort étant comme l'évacuation de l'excrément, une sorte de mort aussi).

A travers toutes les données que nous venons de présenter, nous pensons trouver l'explication des termes se référant aux cuisses et au dos (et, bien entendu, le diaphragme) : la maison nous paraît bien être une représentation du corps féminin, plus spécifiquement, le torse, et en dessous du toit, le diaphragme sera la matrice, **haruguru*** et l'**ikigó** sera l'extension de tout ce corps de femme.

*Là où la femme accouche et où elle prépare la pâte et le beurre, seules activités féminines qui ont lieu dans le **haruguru**. La littérature nous explique que la pâte et le beurre représentent l'enfant.

b. Corps masculin

Ayant présenté la maison et l'arrière-cour comme un tout représentant un corps féminin, passons maintenant à la deuxième étape de nos réflexions. Nous observons aussi que ce corps humain que représente la maison est divisé en deux parties dans le sens vertical, allant du bas **hāsí** (de -sí, "terre") vers le haut **hējuru** (**ijuru** "ciel") : la partie basse **igisoko** et le toit vu de l'intérieur, **igisenge**.

Le toit semble apparenté aux forces masculines. Tressé, **kujîsha**, par deux hommes à l'intérieur de la case, il est ensuite hissé vers le haut par un tronçon de bananier, arbre identifié au mâle. Contre les perches déjà pliées vers le centre, on pousse la voûte du toit **agasôngero** avec la force de quelqu'un qui "achève un mourant", **gusongera** (à rapprocher de **agasôngero**) ou même avec la force de **imâna** qui peut être appelé aussi **Isŏngore** (vocable de la même famille de mots, provenant de **gusonga** "être en point", que **agasôngero**). Une fois en place, cette voûte, qui ressemble, nous dit-on, à "une grande corbeille", est ligotée par cinq cerceaux. Le toit doit éviter tout contact avec un élément féminin : la femme ne doit pas le couvrir (**gusakāra**) de chaume. Ni elle ni aucun animal femelle n'ont le droit d'y grimper.

L'ensemble des piliers (douze environ) qui soutiennent le toit semble avoir la même identification. Ils sont taillés dans un Eucalyptus, arbre géant, d'ordinaire associé à l'homme* et généralement disposés par groupes de trois, chiffre correspondant au mâle.

*Les perches, **imiganda**, comme les piliers, sont des branches d'Eucalyptus, mais plus minces, enfoncées comme eux aussi, profondément, dans la terre; dans ce sens, elles semblent être une deuxième série de piliers. Redressées, on appelle les perches **ishîngé**, du verbe **gushinga** "enfoncer en terre", verbe de connotation masculine, selon RODEGEM. Considérés comme une chose qui s'enfonce dans la terre, les perches et les piliers représentent la pénétration de l'homme dans la terre mère.

Celui du centre est le pilier de la lance (symbole phallique, comme nous l'avons déjà vu) et soutient le milieu du toit, l'ensemble ressemblant à cette métaphore proposée par la devinette : le champignon** (une maison avec un seul pilier).

Notons aussi que le terme qui désigne "le chapeau d'un champignon", **ikigára, se rapproche de **amagára** "force, énergie", "parties sexuelles" (DRF 102-103).

Le pilier est aussi le soutien de la femme qui accouche et elle le considère comme plus compréhensif parfois que le mari***.

***La femme s'adosse contre le pilier à ce moment. Pouvons-nous dire aussi que la maison, corps de la femme, est soutenue par les bananiers, arbres masculins, plantés dans la propriété derrière elle (derrière la partie **ikigó**) ?

Les piliers sont coiffés par des planches de bois à trois fourches, **umwâshi**, servant de support pour les cerceaux du toit. Ces planches sont également associées à la force masculine : les brûler constitue une menace pour le père. Nous verrons plus tard que leur forme rappelle les autres formes triples qui suggèrent (comme le chiffre trois) les organes génitaux de l'homme.

L'ensemble : les piliers, les planches et le toit, pénètre donc l'intérieur de la maison (idée déjà exprimée dans le néologisme du verbe rapproché de **igikǐngi** "pilier" : **gukinga** "vacciner", c'est-à-dire, pénétration et protection) et semble ressortir de l'autre côté sous forme de houppe, **isunzu**, fichée parfois au faîte du toit (le sommet portant ce nom, même si la houppe manque). Elle est identifiée, dans les proverbes, à un parent, plus spécialement au père ; le moineau qui porte une houppe à sa naissance ressemble à un parent : l'enfant né ainsi conformé menace le père. Selon VAN DER BURGHT, la houppe est tressée en forme de phallus; selon un informateur comme un "calice renversé". Sa forme et son identification au mâle suggèrent pour nous aussi le phallus et une extension logique de la partie masculine de la maison.

Quant à la deuxième partie qui commence à la base de la maison jusqu'au niveau du toit, elle paraît posséder une qualité plus féminine. C'est la partie "où on introduit le chaume pour boucher les interstices" et elle s'appelle **igisoko** (du radical **-sok-** "piquer dans", ce qui a probablement suggéré à E. GASARABWE d'associer le nid et la maison "sans piquets"). Nous avons également signalé que le vocable **icǎri** "nid" veut aussi dire "très petite maison". Les meubles de la maison ne dépassent pas cette hauteur, comme s'ils étaient contenus dans ce petit nid*.

*La femme qui vient d'accoucher se trouve aussi dans son petit nid; **umwǎri** "femme prenant encore son repos après l'accouchement" est de la famille de mots **-ari-** "nid".

Etant donné que le gros cerceau du milieu, dans la maison rwandaise, s'appelle **nyina** "maman", les sept **amakóma** sont-ils identifiés en général à la mère de famille ? Ce sera dans des cerceaux qu'on introduira les feuilles qui représentent la naissance de chaque enfant*.

*Les cerceaux semblent associés à la mère et à la naissance et ils se trouvent au niveau des "hanches" de la maison. Ne sont-ils donc pas, comme les perles, **ubudéde**, qui encerclent les hanches de la mère comme signe de fécondité ?

c. Sécheresse/liquide

Associée à cette distinction entre une partie supérieure masculine et une partie inférieure féminine nous en trouvons une autre. Rappelons le rite du pluviateur. Lorsqu'il cherche à faire venir la pluie, il enfonce une lance devant l'entrée de la maison. Pour chasser la pluie, il placera des racines sur le toit, pratique qui assure la sécheresse.

Les cerceaux de la maison paraîssent continuer ce thème : les sept en bas dans la partie féminine et les cinq en haut dans la partie masculine correspondent, à notre avis, à la disposition entre les sept mois (lunaires) de pluie et les cinq de sécheresse*.

*Selon RODEGEM (PG : 187-188), la période de **umukubêzi** est parfois plus courte de deux mois, ce qui donne sept mois de pluie et cinq de sécheresse. L'idée d'une relation entre des saisons et les cerceaux nous a été proposée par un informateur au Burundi. Nous avons été également inspirée par les travaux de Pierre BOURDIEU.

Nous avons donc une partie supérieure masculine, associée à la sécheresse, une partie inférieure féminine, associée à l'élément liquide, l'eau.

L'ensemble donne l'impression, à travers les données que nous avons présentées, d'un grand phallus qui pénètre à l'intérieur d'un corps féminin pour créer une partie haute masculine : le toit, et une partie basse féminine faisant de la maison, cette forme féminine, une sorte de corps androgyne.

d. Pays/Cosmologie

Ce symbolisme s'inspire-t-il de la topographie même du pays? La colline est connue sous le nom de **umutǔmba** (du verbe **gutumba** "gonfler" (cadavre), terme qui décrit aussi le "tronc de l'homme"), plus ou moins la partie du corps représentée par la maison, à savoir des hanches jusqu'au diaphragme.

De plus, nous retrouvons la colline divisée entre une partie sèche supérieure **haruguru**, le sommet, où loge le chef de la lignée et une partie inférieure, **hēpfó**, associée au marais, à l'eau, **amâzi** (DRF 571, signifiant aussi "liquide vaginal"), où les femmes vont venir chercher le Papyrus, matériau que, seules, elles utilisent pour tresser la vannerie fine. Les hommes s'occupent plutôt de la vannerie en Bambou, tiré de la forêt*.

*Rappelons que la maison royale, au Rwanda, est fabriquée exclusivement en Bambou et en Papyrus, comme si elle faisait un mariage parfait des deux forces.

Le symbolisme de la maison veut-il aussi recréer la cosmologie rundi qui envisage le monde comme un ciel (ijuru) mâle qui, tel une grande corbeille, en recouvre une autre, la terre humide, (-si) mère, le ciel étant soutenu par "les piliers du ciel" (trad. AS), inkǐngi z'ijuru "l'horizon" ?

2. L'INTERIEUR : FOYER/LIT

Si nous cherchons plus loin, le foyer et le lit semblent reproduire le même symbolisme que la maison. Ils sont d'abord en tant que centres de création comme un corps féminin. De plus, seule la femme peut toucher à ces lieux : dans le cas du foyer, tous les membres féminins de la famille, dans le cas du lit, uniquement la mère, ce qui renforce cette identification entre eux et le corps de la femme.

Deuxièmement, ils sont tous deux construits comme la maison et, à notre avis, présentent les mêmes divisions que celle-ci. Voici des précisions. En commençant par le foyer, la claie, urusenge, constitue une sorte de toit. Ce terme urusenge comporte le même thème -senge que igisenge "le toit de la maison", les deux mots se distinguant par les préfixes uru- (classe 11) et igi- (classe 7). De plus, on dispose des grands piliers du toit de telle façon que trois des quatres petits piliers de urusenge puissent être liés aux trois du toit. D'autre part, que la hauteur de la claie soit presque exactement la moitié de celle de la maison, suggère pour nous le désir de représenter le sommet d'une deuxième petite case.

De la même façon que le toit de la maison, urusenge semble associé à l'homme. D'abord sa forme légèrement pointue, comme un "bouclier" nous dit la devinette, fait penser à un phallus; il est fixé à trois piliers du toit déjà vus comme symboles masculins, et qui sont trois, le chiffre mâle; la brûler constitue une menace pour la vie du père. La femme n'a pas le droit de grimper dessus, exactement comme pour le toit.

Le urusenge est également un lieu lié à la notion de sécheresse. On place les bananes, les pots de bière, le bois de chauffage sur cette claie pour qu'ils prennent la chaleur du foyer. D'une manière plus figurative, on dira qu'un homme flétri par la maladie sera comme quelqu'un qui a "dormi sur le urusenge" kurûra ku rusenge*.

*Urusenge est souvent comparé par les devinettes à un lit. Le lit du roi mort qui est construit au-dessus d'un feu semble un deuxième urusenge.

De plus, **urusenge**, comme le toit de la maison, recouvre un espace vide à l'intérieur duquel on pose la marmite en terre, **inága** (du verbe **kunága** "germer" "reprendre vie"), qui sera pour nous, comme la partie **haruguru** de la maison, symbole de la matrice. C'est dans cette marmite que la femme versera de l'eau pour faire de la pâte; selon les berceuses et proverbes, celle-ci est le symbole de l'enfant, qui, parfois, se cramponne à sa mère, la marmite.

Quant au lit, il est construit de la même façon que le toit du foyer : claie avec deux traverses posées sur quatre piliers, à peu près de la même hauteur aussi. On ne doit jamais brûler les piliers et traverses du lit tant que la maison est debout. Jusqu'ici une association entre le lit et la maison semble bien présente. L'endroit où on monte sur le lit s'appelle **ku murére**, **umurére** désignant l'entrée du palais et de la ruche; ainsi s'établit un rapport entre l'entrée du lit et celle du palais et de la ruche, ces deux derniers, nous semble-t-il, considérés comme des maisons.

Pour la question d'une hauteur liée au mâle, nous constatons que la claie du lit est aussi en forme de trapèze comme **urusenge** et que les traverses sont enterrées avec l'homme.

Le dessous du lit, **rutára**, est exclusivement féminin. La femme peut "s'y retirer" (**gutáramuka**, le verbe dont est dérivé **rutára**) quand elle veut et elle y met ses possessions à elle.

On y met un pot fêlé de "semence", **umbúto**, vocable qui désigne également le sperme de l'homme, ce qui sera, selon notre interprétation, le contrepartie de la marmite du foyer qui contient aussi la semence masculine; le pot et la marmite, étant donc symboles du **haruguru**, lieu féminin (où a lieu toute création) à l'intérieur de l'espace de la maison.

En résumé, nous pensons que les Barundi ont construit le foyer et le lit de la même manière que la maison, en respectant les mêmes distinctions mâle, haut, sec / femelle, bas, humide, pour démontrer que les endroits où se crée la vie sont en réalité le corps de la femme à l'intérieur duquel se trouve la présence masculine.

3. URUGÓ

Ayant traité ce que nous considérons comme les thèmes essentiels de la maison, expression, selon nous, d'une vision ontologique, nous regardons maintenant d'autres parties de la propriété pour rechercher le rôle qu'elles peuvent avoir dans cet univers symbolique. Nous commencerons par les trois urugó, à savoir la propriété, l'enclos et l'avant-cour, en analysant d'abord le concept de urugó en général (avec son synonyme ikirǐmba) pour reprendre ensuite, chaque urugó en particulier.

Nous avons vu que le terme urugó implique la notion de rondeur, comme nous la trouvons dans la locution urugó rw'ûkwêzi "halo lunaire"*.

*C'est une image qui semble s'appliquer davantage à la propriété et à l'enclos qui entourent la maison déjà décrite dans une devinette comme une lune dans un ciel noir; la maison sur le dos d'une fourmi noire.

Si nous acceptons l'hypothèse de P. BUCUMI que le radical -go de urugó est à rapprocher de *-gor- "être courbé, galbé", nous trouvons ce terme urugó indirectement en rapport avec d'autres de cette famille de mots comme ingoro "palais" ou umugore "femme" ou urugori la "couronne" de maternité qui encercle la tête de la jeune mère. Bien que le concept présenté soit celui de rondeur, signalons pourtant que les jeunes filles commencent la danse évoquant la construction de l'enclos en formant un ovale et non pas un cercle.

D'autre part, nous apprenons que urugó a le pouvoir de produire la vie, car on dit urugó ririvyaye, "urugó a engendré" (ou "mis au monde") lorsqu'on trouve un cadeau, plus spécialement de la bière, dans l'enclos, avant-cour, ou dans la propriété.

Le terme décrivant l'enclos royal, (et l'avant-cour) ikirǐmba, synonyme de urugó, semble suggérer les mêmes thèmes, mais d'une autre manière. Par exemple, ce terme se réfère également à "une sorte de tontine" (là où l'on met "son argent en commun pour que ... un des membres dispose de la totalité"). Ikirǐmba est aussi en rapport avec le vocable indimbika "corbeille, panier", présentant une deuxième forme de récipient. Etant donné la manière d'aménager le sol dans l'enclos descendant vers l'endroit où la maison est construite, nous nous sentons autorisée à postuler que urugó (ou ikirǐmba), dans l'esprit des gens, est comme une grande corbeille ou tontine ronde, contenant la maison, toute la famille et tous les biens, comme le bétail.

Le terme ikirǐmba semble également lié à un concept du corps par sa relation avec kurimbána, le verbe dont il se rapproche le plus, qui signifie "être bien bâti, bien proportionné" et avec les substantifs dérivés de ce verbe : ararimbānye "c'est un bel homme" et umurǐmbane "jolie femme". C'est un corps capable de fécondité selon le proverbe qui compare ikirǐmba à une vache qui vêle les cadeaux (idée déjà latente dans l'expression **ibwǎmi** qui signifie à la fois "à la cour royale" et "la matrice").

Nous pensons déceler dans les trois **ingó** (**urugó**) une expansion des concepts de rondeur et fécondité.

Tout d'abord, que la structure de la palissade, qui est construite comme la maison, s'élève presque à la même hauteur que la maison nous conduit à croire que, dans l'esprit des gens, l'**urugó** est peut-être considéré comme un hémisphère, une forme semblable à celle de la maison et de la colline (le terme **ikirǐmba** suggérant déjà le concept d'un récipient comme une corbeille ou une tontine). Les pieux qui prennent racine dans la terre proposent, à notre avis, la possibilité d'une continuation de cette forme vers le bas, à tel point que l'on peut imaginer une forme totalement fermée comme l'ovale.

Nous croyons trouver la corroboration de ce concept dans la langue et dans la littérature. **Urugó** est comparé à une ruche, (de forme allongée au Burundi) au moins indirectement, par le terme **intǎhwa** : chez les pasteurs, ce mot désigne l'endroit où se trouvent les vaches; chez les cultivateurs, les cours où sont construits les greniers. Ce terme provient du verbe **gutǎhwa** "être rentré dans la ruche (essaim)".

Les devinettes comparent la patate douce que l'on retire par l'ouverture d'une marmite à celle que l'on sort par **irêmbo**, ou le sorgho brisant sa graine au sorgho que l'on fait sortir par l'**irêmbo**. Autrement dit, l'entrée **irêmbo** équivaut à l'ouverture et **urugó** à un récipient rond; et cela nous donne de l'**urugó** l'image d'une chose totalement couverte.

Dans le même ordre d'idées, c'est dans l'**urugó** que l'on avale les médicaments par la bouche (à la différence de l'**ikigó** où l'on fait les lavements anaux), ce qui établit un rapport entre bouche/entrée et tête (forme ovale) et **urugó**.

C'est finalement dans un rite de naissance que nous rencontrons la possiblité pour cette forme ronde de représenter une matrice. La femme fait naître son nouveau-né au monde en franchissant le seuil de **irêmbo**, le bébé dans ses bras, ce qui fait de **irêmbo** une sorte de vagin; elle dit d'ailleurs à son enfant "toi, qui agrandis la porte d'entrée". Dans un tel cas, **urugó** deviendra la matrice d'où naît le bébé.

Cette connotation de matrice se trouve aussi dans la propriété. Pour dire "gouverner la propriété", **gutwâra urugó** (litt. "porter la propriété"), l'on emploie le verbe **gutwâra** qui exprime d'une part l'action de porter la cruche de bière et, d'autre part, l'idée de "porter le sein de la femme" (**gutwâra inda**, c'est-à-dire "être enceinte"), la cruche et le sein étant, tous deux, des récipients ronds et fermés.

On n'oubliera pas que le terme désignant "à la cour royale", I **bwămi**, signifie aussi "la matrice", faisant de toute la cour une grande matrice.

A partir de cette analyse, nous aboutissons à une série de formes semblables emboîtées les unes dans les autres : **urugó**, avant-cour, et **ikigó** et la maison (**haruguru**) contenus dans la matrice de l'enclos, **urugó**; le tout est inséré dans la matrice de la propriété, **urugó**.

a. Avant-cour

Ayant traité le concept de **urugó** en général, nous prendrons maintenant chaque **urugó** individuellement pour rechercher les autres caractéristiques déjà décelées, à savoir le concept de hauteur lié à l'homme et à la sécheresse et le bas associé à la femme et à l'eau.

Regardons d'abord l'avant-cour, **urugó**. Elle semble suivre les termes qui s'appliquent au versant de la colline : la pente supérieure de **urugó** s'appelle **intàba y'haruguru** "la cour d'en haut", la pente inférieure **intàba y'hēpfó**, "la cour d'en bas".

Dans la partie supérieure, nous trouverons nettement une prédominance masculine. Ce sera plutôt dans cette direction que l'on enfoncera les piliers de **irêmbo** pour qu'ils soient davantage vers le sommet de la colline. Ces piliers s'identifient à l'homme. Des interdits les protègent contre l'influence féminine et contre des malheurs, tels l'incendie ou le déracinement qui feraient du mal au père ou risqueraient de couper la lignée masculine. Le jour, les branchages, **umwugariro**, qui ferment l'entrée **irêmbo** sont toujours déposés dans la partie supérieure. Ces branchages sont l'objet du même genre d'interdits que les piliers et en eux-mêmes symbolisent la protection masculine. Enfin, la maison du fils aîné, premier de la lignée après le père, est construite sur la pente supérieure, près de **irêmbo**, comme s'il voulait imiter la position dominante du chef de la colline et de son père, représentée par **irêmbo**.

Dans le **hēpfó** de l'avant-cour "la cour d'en bas" nous trouvons le tombeau de la mère de famille.

Quant à l'opposition entre la sécheresse et l'eau, notons que l'eau s'accumule naturellement dans la partie inférieure. La partie supérieure est la partie sèche, refuge des vaches en saison de pluies, et l'endroit de la palissade où l'on construit l'**icango** pour éviter la boue de la partie inférieure.

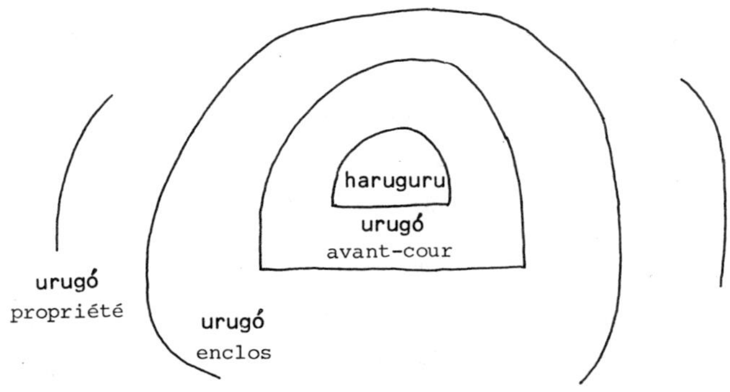

Fig. 11

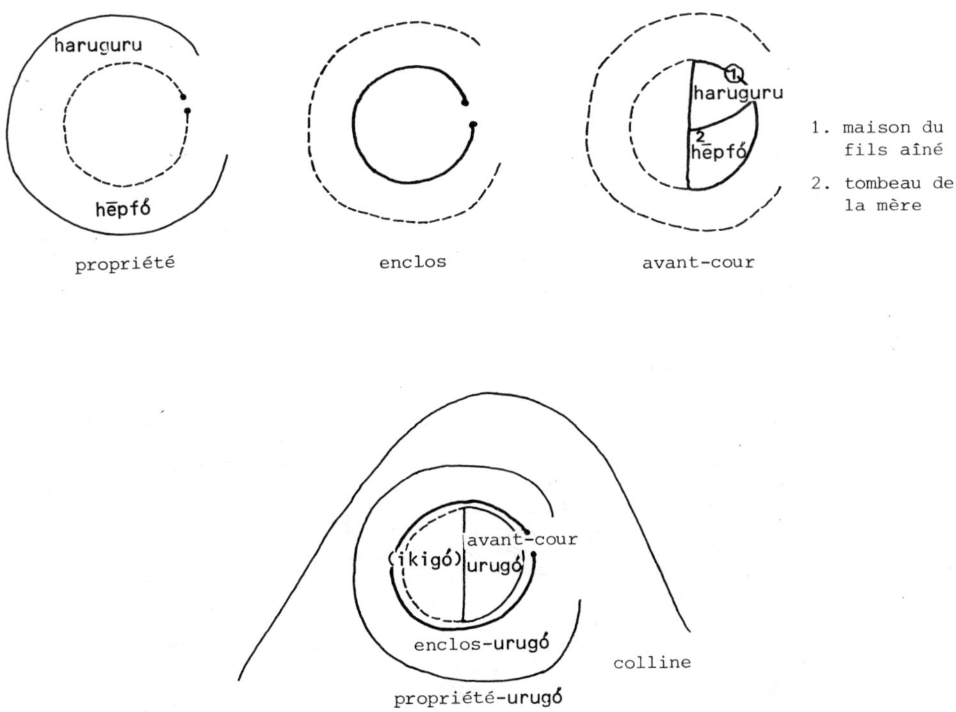

Fig. 12 - LES TROIS ingó (urugó)

Nous pouvons donc dire que le urugó "avant-cour" possède toutes les caractéristiques d'une représentation du corps divisé en partie haute sèche associée à l'homme et partie basse humide associée à la femme.

b. Propriété

La propriété urugó, comme l'urugó "avant-cour", présente les mêmes notions de hauteur que la colline : la partie en haut de l'enclos est haruguru y'urugó et la partie en bas de l'enclos est hēpfó y'urugó. Jusqu'ici nous n'avons pas relevé de division du genre déjà discuté. Nous parlerons d'autres détails d'importance au sujet de la propriété.

c. Enclos

Pour relever, dans l'urugó-enclos, les éléments que nous avons choisis comme hypothèse de notre travail, il faut regarder l'enclos à partir de irêmbo jusqu'à l'arrière-cour, ikigó, autrement dit en biais sur la pente de la colline.

En l'étudiant ainsi, nous observons que la notion de hauteur sera du côté de irêmbo, ce terrain étant souvent plus élevé que celui sur lequel se trouve la maison.

Deuxièmement, nous trouvons une dichotomie masculin/féminin entre urugó et ikigó. D'abord, le langage lui-même suggère une distinction entre les deux parties : les termes ikigó et urugó possèdent le même thème -go, mais se distinguent entre eux par les préfixes uru- (cl.11) et iki- (cl. 7)*. C'est pourtant au niveau des faits que nous trouvons l'opposition entre mâle et femelle.

*En ce qui concerne le lexique des termes concernant l'habitation, nous constatons la fréquence de l'opposition entre la classe 7 (préfixe iki- ou igi-) et d'autres classes, comme la classe 11 (préfixe uru-) : ikigó, urugó (les deux cours); igisenge, urusenge, (le toit de la maison, le toit du foyer); igikǐngi, inkǐngi (les piliers de irêmbo, les piliers de la maison); ikiriri, uburiri (le lit d'accouchement, le lit du couple).
Il ne faut pas cependant en tirer de conclusions trop hâtives; il se peut, en effet, que l'emploi du préfixe de la classe 7 indique un sens partitif, à savoir que l'arrière-cour, ikigó, soit à considérer comme semblable à l'avant-cour, urugó, mais différente; de même pour les deux toits, les deux lits, etc.
RODEGEM (PG 125) explique que la classe 7 comprend "divers substantifs... sert à former les augmentatifs... a parfois un sens adverbial... péjoratif... exprime les nationalités, des langues (par exemple, ikirundi, la langue du Burundi).
Une personne ayant habité longtemps au Burundi nous explique que iki- est souvent employé dans les termes exprimant une réalité importante comme ikiriri "le lit d'accouplement", celui de la royauté il n'y en a qu'un (1977).

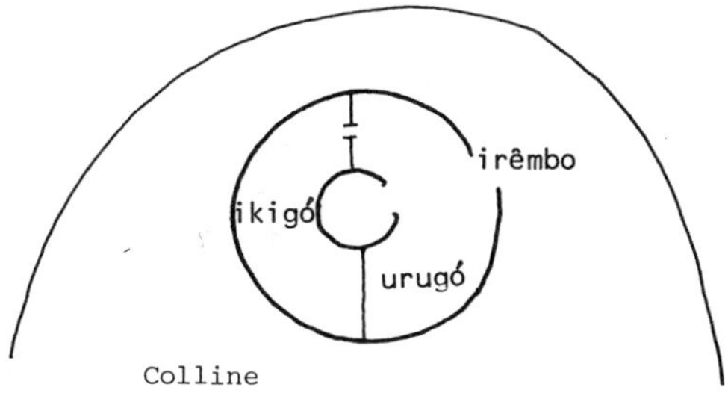

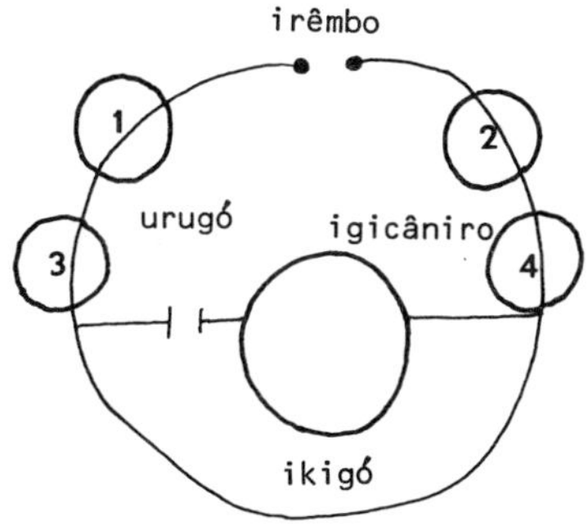

1, 2, 3, 4 : maisons des fils

Fig. 13

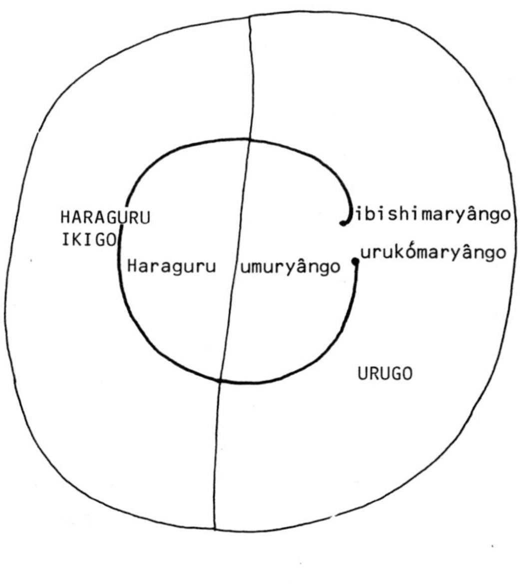

Fig. 14 - Maison/Urugó (enclos)

La présence masculine en urugó se signale par l'entrée, irêmbo, les maisons des fils et le feu des vaches, igicâniro. Igicâniro, comme irêmbo, est frappé par les interdits qui protègent son caractère masculin car, si on l'enlève, on risque d'avoir seulement des filles. De plus, comme irêmbo, igicâniro est identifié au père de famille qui sera enterré, à sa mort, au-dessous de son feu. (Le taureau du troupeau aussi y est enterré, après avoir reçu les mêmes soins funéraires que le père). C'est encore dans le urugó que l'homme construit l'autel de sa lignée.

C'est dans l'avant-cour que nous trouvons les hommes rassemblés pour boire de la bière de banane ou pour l'investiture des notables.

Ikigó, par contre, est exclusivement réservé à la femme et à son travail de femme qui consiste à tresser la vannerie en Papyrus; ce que l'homme ne fait jamais. C'est également là qu'elle dressera l'autel à l'ancêtre de son propre lignage.

Quant à l'opposition sec/humide, contentons-nous, pour le moment, de signaler le fait qu'on évite toute trace d'eau dans l'urugó, à tel point qu'on trait les vaches à l'extérieur de l'urugó pendant la saison des pluies. Nous approfondirons ce point lorsque nous reprendrons la maison par rapport aux deux cours.

En somme, l'enclos urugó nous présente bien une partie haute masculine, sans eau, et une partie basse féminine.

Regardons maintenant l'emplacement de la maison sur l'enclos urugó : la partie haruguru dans la cour ikigó (aussi connue comme haruguru mu kigó) et le vestibule, umuryângo, dans la cour, urugó; il est important de voir si les mêmes associations et oppositions existent à l'intérieur de la maison, cette fois-ci sur un plan horizontal.

La maison semble effectivement rester fidèle à la dichotomie présentée entre la cour urugó et la cour ikigó. L'umuryângo est un lieu masculin où les hommes boivent ensemble la bière de banane quand il pleut. Ils s'y rassemblent aussi, sans les femmes, pour discuter les problèmes des fiançailles. Les garçons y couchent le soir et les hommes de la famille se joindront à eux pendant les périodes de deuil. L'herbe qui couvre le sol du vestibule est ishîngé; provenant de ce verbe, gushinga "ficher droit" que nous avons posé comme lié au mâle. Dans le ingóro royal, l'umuryângo représente les 2/3 de la maison, pour indiquer, sans doute, l'importance de la partie masculine, symbole du roi même.

Le haruguru, situé sur la cour haruguru mu kigó, déjà reconnue comme élément féminin, est le centre le plus important des actitités féminines : cuisine, barattage et, bien sûr, l'accouchement. Les filles y couchent le soir. En période de deuil, les femmes de la famille y couchent par terre. Pendant les tractations des fiançailles, c'est dans ce lieu secret que se retirent les femmes. Le terme noble désignant cette partie de la maison, **ikare**, dans la locution **ab'ikare** signifie "femmes en général".

Nous trouvons donc que la partie qui repose sur **urugó** sera masculine, la partie qui repose sur le **ikigó** sera féminine. Dans le **haruguru** de la maison l'eau est présente dans la préparation de la cuisine. Absence d'eau en **urugó**, présence d'eau dans **haruguru mu kigó**, cette notion s'ajoute à celles que nous avons déjà présentées, **haruguru** partie féminine basse, **urugó** partie masculine supérieure.

d. Urugó (enclos)-palissade

L'enclos **urugó** présente le même aspect androgyne que la maison dans la relation entre les pieux et les entrelacements circulaires. Tous les pieux, **akarimbi**, souvent de bambou (rappelons sa connotation masculine) sont comparés aux princes de la cour royale réunis ensemble. Et pour dire "réunir", on emploie le verbe **gushinga** "ficher" (dans la locution **gushinga akarimbi**), verbe déjà reconnu comme décrivant la pénétration mâle*.

*Rappelons que l'**irêmbo** (symbole masculin) est vu par BUCUMI comme une extension des pieux, ainsi que dans les habitations modernes construites en style traditionnel où l'on plie les bouts de la "palissade" en forme de cloison pour faire l'**irêmbo**.

Les **amasobánywa*** qui entrelacent les pieux en cercle sur un plan horizontal semblent, selon le proverbe, être réservés aux soins de la femme, c'est la jeune fille qui les retresse. Même dans l'**ikigo** nous remarquons que, pour la cérémonie de la première sortie de la fille, on ajoute des branches aux entrelacements, partie de la palissade qui paraît identifiée à la qualité féminine.

*Le nombre des **amasobánywa** a certainement une valeur symbolique; ici dans l'enclos normal il semble y en avoir quatre.
Notons aussi que les maisons des rois sur la colline **Urukíga** s'échelonnent sur la pente, la première étant la plus proche du sommet, la seconde vient après, etc.

La palissade même, **ururimbi**, de l'enclos, est totalement identifiée à l'homme par le terme **umunyarurimbi** "le juge", qui provient de **ururimbi**, faisant de l'enclos, **urugó**, un mâle, composé des forces masculines et féminines.

e. Urugó - lignée masculine

Urugó (enclos) semble aussi être associé à toute la lignée masculine (rappelons que c'est une société patrilinéaire). Notons bien que les maisons des fils descendent à partir de **irêmbo**, symbole du chef, des deux côtés de **urugó** vers la maison, de la même manière que les maisons des fils descendent la colline à partir de celle du chef de la lignée, en deux rangs vers le bas.

Et la lignée semble vouloir préserver sa pureté. En évitant **irêmbo** (en passant par **icanzo**), la femme stérile n'a pas de contact avec **urugó**; celle qui n'a pas donné un enfant à son mari n'appartient pas encore à sa lignée à lui. De plus, il faut considérer les **ibigó** (**ikigó**) des maisons des fils de la famille qui sont mariés : ils sont totalement à l'extérieur de l'enclos, les femmes des fils n'étant pas de la lignée du père.

f. Urugó - couple

Comme le dit un proverbe rundi : **Urugó urgira babiri** "deux font un kraal". L'union entre la force masculine et féminine est intime : les organes génitaux de la femme, à savoir l'entrée de la maison, composée de ses charpentes, **ibishímaryângo**, et de sa voûte proéminente, **urukómaryângo** "saisissent", **-shim-** (de **ibishímaryângo**, DRF 382, **igishímaryângo**) et "touche", **-kom-** (de **urukómaryângo**, RODEGEM, Bruxelles, 1975) l'homme, vestibule **umuryângo**, qui est en réalité **urugó** même. GASARABWE a raison, qui dit que la maison saisit tout le **urugó** et mêmes plusieurs, **ingó**.

Par cette union sexuelle, la femme saisit donc toute la lignée représentée par **urugó** et nous sommes tentée de dire, avec le proverbe : **umuryango uva ku muryângo** "la famille provient de la porte" ou **umuryango uba ku muryângo** "la vraie famille habite sur le seuil" ou "dans le vestibule", dans l'endroit où les forces sexuelles se rencontrent et par où sort l'enfant.

g. Intérieur : maison/enclos

A l'intérieur de la maison, plus précisément dans le **haruguru**, existent les représentations des enclos entourant les "maisons", le foyer et le lit. Ils sont en forme de palissade dont l'entrée consiste en un

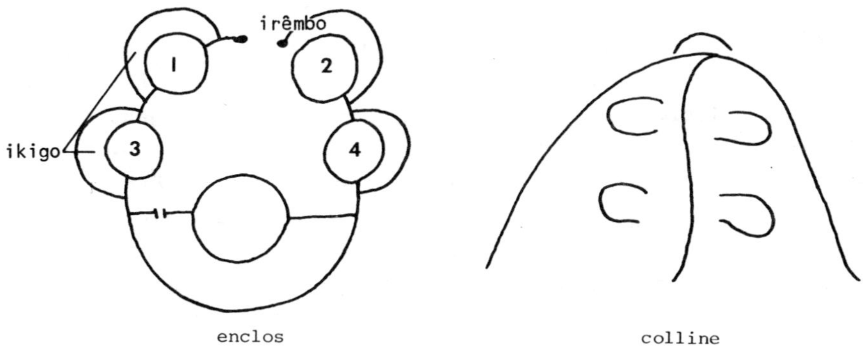
irêmbo
1
2
ikigo
3
4
enclos
colline

Fig. 15

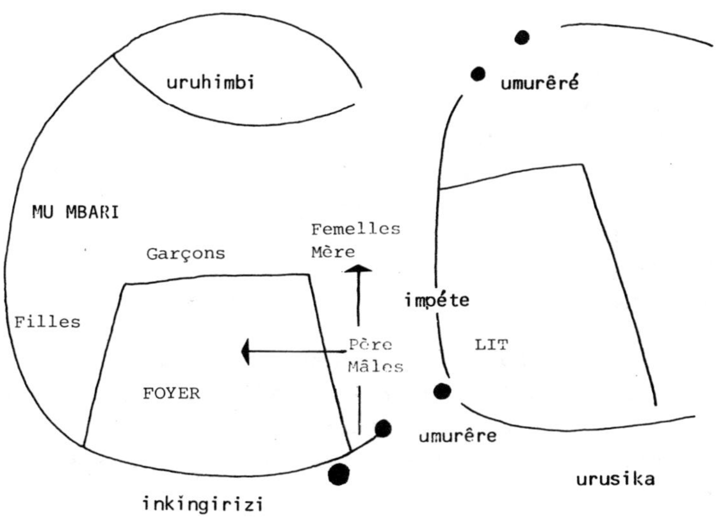
uruhimbi
umurêré
MU MBARI
Femelles
Mère
Garçons
impéte
Filles
Père
Mâles
LIT
FOYER
umurêre
urusika
inkingirizi

Fig. 16

espace délimité par deux piliers liés au mâle. Nous retrouvons aussi les mêmes thèmes masculin/féminin sur un plan purement horizontal.

Pour pénétrer dans le **haruguru**, nous passons par l'espace **umurêré** entre deux piliers du toit liés à l'homme : **inkǐngi umugabo** "le pilier de l'homme" et **inkǐngi igǎba** "le pilier de la lance". Ces piliers soutiennent aussi l'extrémité des deux cloisons, **inkingirizi** et **impéte**, qui entourent le foyer "maison". Ces cloisons sont faites de Bambou, matériau masculin*. On pourrait même dire que ces deux piliers sont la continuation des autres piliers du toit qui soutiennent aussi les cloisons, comme les deux piliers de **irêmbo** sont la continuation des pieux qui soutiennent la palissade, et, comme les piliers de **irêmbo**, ils ne sont jamais plantés en ligne directe avec les piliers de l'entrée de la maison mais en position plus élevée, sur la colline.

*Les trois cloisons qui, ici, servent comme symbole de l'enclos et qui sont construites comme la palissade (pieux, entrelacement), ont chacune une signification différente : **inkingirizi** provient de "fermer", **gukingiriza**, comme on ferme l'entrée, **gukinga** (de la même famille) "fermer l'entrée, protéger par un écran"; **urusîka** de **gusîkura**, "étayer" et **impéte** de **guheta**, "plier...arquer" (comme **guheta amabega** "ployer l'échine"); la cloison contre laquelle la mère s'adosse lors du repas, et contre laquelle la femme s'adosse quand elle est étendue sur le lit. Si les cloisons sont bien la représentation de la palissade de l'enclos, **ururimbi**, qui est liée au concept de **umunyarurimbi** "juge du tribunal du **mwǎmi**", elles doivent être aussi liées au mâle. Dans ce cas-là, nous avons l'image du mâle comme celui qui ferme, entoure et soutient de derrière comme le pilier soutient le dos de la femme qui accouche.

Si nous reprenons les positions des membres de la famille autour du foyer, lors du repas, nous voyons le père dans l'espace **icǐcaro** "devant" **imbere**, le foyer, assez près des piliers de l'entrée, parfois contre la cloison, **impéte**, pour laisser la place aux visiteurs. Groupés près de lui et des piliers, se tiennent les hommes invités.

En face de lui, de l'autre côté du foyer, dans **mu mbári**, s'asseoient les jeunes filles, là où elles couchent le soir, et les garçons près de la mère*.

*Derrière elle, toujours dans **mu mbári**, l'étagère **uruhimbi** est parfois dressée; cette étagère est identifiée à la jeune fille.

A la droite de l'homme se tient sa femme, devant **uruhimbi** et près du pilier de la femme, **inkǐngi umugóre**. Adossée contre la cloison **inkingirizi**, devant la grande ouverture des pierres **umuhúro** se place la jeune fille pour faire la cuisine. Les femmes invitées seront à côté de la mère.

Si nous cherchons à tracer une ligne de démarcation, nous constatons que l'élément masculin se tient près des piliers d'entrée, l'élément féminin, avec les enfants, du côté opposé vers le fond (dans les deux directions); le foyer est placé plus ou moins au milieu. Autrement dit, comme dans l'enclos **urugó**, la partie mâle, se trouve devant la maison et **ikigó**, la partie féminine, qui comprend aussi les enfants, derrière celle-ci. De même, quand il s'agit du foyer, le masculin précède le foyer, qui est, ici, une représentation de la maison, tandis que la partie féminine, près de **uruhimbi**, et les enfants dans **mu mbári**, se trouvent de l'autre côté du foyer.

Dans la deuxième partie de **haruguru**, la chambre à coucher, **uburiri**, nous retrouvons les deux piliers du toit servant d'entrée; au Rwanda, ces piliers sont enterrés avec le mari dans son tombeau. Un de ces piliers est l'extension de la cloison, **impéte**. Entre les deux piliers, nous retrouvons l'espace **umurêré** qui existe à l'entrée du foyer.

A l'intérieur des deux cloisons, **impéte** et **urusîka**, se dresse le lit, déjà proposé comme symbole de la maison.

En résumé, à chaque fois que nous rencontrons une représentation de la maison, elle est protégée par un enclos, la protection masculine.

h. Résumé

Pour résumer ce chapitre, nous avons essayé de montrer que le corps féminin androgyne symbolisé par la maison est en relation avec trois corps masculins également androgynes, les **ingó** : la propriété **urugó** contenant l'enclos **urugó** qui renferme **ikigó** (maison) et **urugó**, l'avant-cour, également représentation de **urugó**, source de lignage et protection du corps féminin.

Ces **ingó**, de la même manière que la maison, semblent associés à la notion de rondeur, mais plutôt dans le sens d'ovale.

A l'intérieur de la maison, nous découvrons l'existence en plus petit de la représentation de l'enclos autour du foyer et du lit, déjà reconnue comme symbole de la maison.

B. Inversion : féminin sur masculin

Toutes les données que nous avons rassemblées jusqu'ici nous présentent l'image d'une domination du masculin sur le féminin; pourtant nous allons découvrir que cette disposition des forces respectives n'est pas aussi définitive qu'on pourrait le croire.

1. MAISON - ENCLOS

Regardons d'abord les deux parties de la maison **haruguru/umuryângo**. Le terme **haruguru** dénote le concept de hauteur, pourtant cette partie **haruguru**, où se tiennent les femmes, n'est pas plus élevée que le reste de la maison. Il en est de même pour l'enclos : l'**ikigó**, où est situé le **haruguru** de la maison, est également connu sous le terme **haruguru mu kigó** mais, lui non plus, n'est pas plus élevé que l'autre cour **urugó**, partie de connotation masculine.

Nous avons affaire ici à une inversion de la langue mais nous rencontrons ce même phénomène sur un plan matériel.

2. LIT

Nous croyons trouver cette inversion pour le lit mais en l'interprétant d'une manière un peu différente de notre précédente analyse qui le présentait comme une image de la maison. Il nous semble voir dans le lit une deuxième représentation de tout l'enclos, c'est-à-dire la maison et l'avant-cour ensemble.

D'abord, le lit est divisé en deux parties : une partie plate et vers le haut la tête. La tête est une forme ronde comme celle de la maison; son nom même, **umuségo**, provient du verbe **guséguka** "être renflé", ce qui accuse le concept de rondeur ou d'ampleur. Deuxièmement, comme la maison, la tête du lit semble une image de la matrice. Nous en avons déjà vu des exemples. Si la femme tarde à enfanter, le mari place un van, **umutaro**, à la tête du lit pour précipiter la naissance*.

*RODEGEM dit "pour que le bassin de la femme soit plus large".

La femme qui vient de perdre un enfant y dépose le placenta afin de favoriser une nouvelle grossesse. C'est au niveau de la tête qu'on place l'eau avec laquelle **imâna** crée les enfants.

En ce qui concerne tout le lit, nous le voyons en opposition avec le **urugó**, avant-cour, dans la mesure où s'opposent le couple vivant sur le lit et les morts enterrés dans le **urugó**. La natte sur laquelle est couché le couple est faite du même tissu que le linceul des cadavres. Les positions de l'homme et de la femme sur le lit sont à l'inverse de celles du tombeau : dans le lit, l'homme est sur le côté gauche, la femme sur le côté droit; ce sera le contraire pour l'homme et la femme qui sont décédés.

Toujours au sujet des positions des corps sur le lit : les pieds sont toujours tournés vers la paroi de la hutte et la tête vers l'entrée de la maison ou de la cour et vers le foyer; autrement dit, vers ce qui symbolise les organes génitaux de la femme, la porte, comme dans une position de naissance. Par contre, nous avons vu que lorsqu'on emporte un cadavre de la maison, c'est toujours les pieds les premiers. Sur la colline, dans le **urugó**, les cadavres sont placés la tête vers le haut. Comme la colline paraît une figure de la maison/matrice, le bas équivalant à l'entrée, les pieds seront donc tournés vers cette entrée symbolique comme le cadavre quittant la maison, un contraste de position qui oppose la vie à la mort*.

*Qu'est-ce que cela nous révèle au sujet du concept de la mort? Le sommeil est un état comparable à la mort; mais le fait que les positions des corps dans le lit et dans la tombe soient interverties montre que, dans le premier, s'accomplit l'oeuvre de vie et, dans l'autre, celle de la mort.

Par cette opposition, un lien semble donc se créer entre le lit et **urugó**, l'avant-cour, le lit étant le tombeau où naît la vie.

Un troisième point nous semble essentiel : c'est le fait que le lit est incliné à partir de la tête. N'est-ce pas une représentation littérale de ce que nous avons trouvé linguistiquement pour l'enclos, que le **haruguru**, donc la maison, est en position plus élevée que **urugó**; autrement dit, on monte vers la maison comme on monte jusqu'à la tête du lit, identifiée par nous à la maison.

Un autre point qui semble d'une certaine importance, c'est le rapprochement fait entre la hauteur du lit et la colline. Les berceuses nous ont montré le lit comme un nid sur une colline; tous les termes décrivant le "lit du roi", **ikirwa**, et **ikirǎmbi**, "lit des garçons" sont directement apparentés aux termes qui désignent la colline, **umurwa** et **umurǎmbi**, "la colline ou le plateau", ainsi que le terme **umurâmbizo** qui décrit les pieds du lit et le pied de la montagne. Pour nous, cette comparaison est une preuve de plus que le lit peut être aussi une représentation de tout l'enclos construit sur la colline*.

*Le lit semble aussi représenter un lieu de collectivité : le terme qui le désigne, **uburiri** appartient à la classe 14, classe qui contient des termes comme "le pays", **Uburundi** (Burundi), et le "royaume", **ubwǎmi**. Cette classe comprend également des vocables ayant un sens collectif, comme **ubunyegeri** "petites fourmis noires" ou **ubwanwa**, "la barbe" (une collection de **urwanwa** "les poils de la barbe"?), PG 127. Les deux sens, pour nous, sont plus ou moins liés par le fait que le pays et le royaume sont une collection de personnes.
Cette classe comporte aussi des mots abstraits comme **ubukûnzi** "affection" et **ubugingo** "le temps", rapproché de **ingingo** "articulation", **ingingo y'urutoke** "articulation doigt" et de **uruginko** "noeud d'une tige, noeud d'un bambou" (DRF 114). Ce dernier rapprochement entre "le temps", "l'articulation" et "le noeud" semble aussi évoquer une image de collectivité : des articulations sur le doigt, des noeuds sur une tige longue de même que les petits moments sur une longue durée du temps.

3. FOYER

Regardons maintenant le foyer. La marmite est posée sur trois pierres enfoncées dans le sol et entourées par un grand rebord circulaire en argile, **urubûmbiro**. Ce cercle est connu aussi sous le nom de **umuzi** "racine". Or, la seule chose vraiment enracinée dans toute la propriété, ce sont les pieux de l'enclos qui sont des branches vivantes. De plus, **urubûmbiro**, comme l'enclos, est identifié au mâle selon l'interdit qui proscrit un contact entre ce cercle et la fille. Par cette association, pouvons-nous faire un rapprochement entre ces deux formes circulaires qui, toutes les deux, contiennent un feu en leur milieu ?

Il existe aussi un mot qui semble proposer une association entre **urugó** et **urubûmbiro** (**umuzi**), c'est **ikibumbarugó** (littéralement "modeler, arrondir, **kubûmba**, le **urugó**") qui décrit la femme qui s'occupe bien de son enclos, **urugó**. Ce verbe **kubûmba** se trouve dans le terme **urubûmbiro** et s'applique généralement à l'idée de "façonner l'argile". Son emploi ici pour décrire l'acte de modeler une palissade construite en branches et non en argile nous paraît une manière d'identifier ces deux enceintes protectrices.

Pour mieux comprendre ce concept de **urubûmbiro**, nous allons regarder les trois pierres, **amashíga**, à l'intérieur.

Leur caractère masculin est net. Le terme **amashíga** désigne les stagières mâles. La femme qui en déterre une peut faire du mal à son mari. Le fait que ce sont des mottes de termitière n'est pas un hasard;

nous avons bien vu, dans les devinettes, le symbolisme phallique de celle-ci, quand les termites, sortant de la termitière, fécondent la vieille dame qui s'asseoit dessus. Remarquons aussi que seuls les hommes peuvent se placer devant les pierres mêmes*.

*Rappelant aussi le lieu du culte de la fécondité où les trois rochers représentent les trois organes masculins.

L'ouverture, **umuhúro**, par contre, semble plutôt du côté féminin; ce sont les femmes qui se placent devant, lors du repas. Le fait que c'est une ouverture par où quelque chose "glisse" (**guhúra** "glisser rapidement", le verbe rapproché directement de **umuhúra**, comme les abeilles "glissent" dans "l'entrée de la ruche", **umpúzo**, terme provenant aussi de **guhúra**) nous paraît accuser son caractère féminin. De plus, la grand ouverture fait toujours face aux piliers de l'entrée du foyer, force masculine.

Ce qui "glisse" dans la grande ouverture, c'est le bois que l'on brûle. Ce bois est en relation avec les bois **umwugariro** qui servent à fermer l'entrée de l'enclos **irêmbo**. Lors de la cérémonie du mariage, simultanément, pendant que l'époux ramasse les bois de clôture, la femme rassemble le bois du foyer. Ce rapport suggère une relation entre les choses qu'il renferme, à savoir l'espace **irêmbo** et l'ouverture entre les pierres, et, de ce fait, entre les piliers de **irêmbo** et les trois pierres, tous deux étant liés à l'homme.

Si nous regardons cet ensemble verticalement, les trois pierres seront donc l'ouverture à **urubûmbiro** enraciné, comme **irêmbo** est l'ouverture de **urugó** sur le plan horizontal.

Pour rattacher cette analyse à notre concept initial, celui de l'inversion, nous dirons donc que "l'entrée" de **urubûmbiro**, les trois pierres, **amashíga**, soutiennent, **gushiga**, la marmite, la maison, ce qui met cette maison symbolique en position supérieure par rapport au symbole de **urugó** comme, dans la langue, **haruguru**, se place en position supérieure par rapport à **urugó** l'avant-cour.

Dans le cas du foyer, la claie **urusenge** joue le rôle de toit pour la marmite mais, nous semble-t-il aussi, celui de **urugó** l'enclos par sa position en dehors de la marmite et du cercle **urubûmbiro**; elle englobe les deux comme **urugó**, enclos, englobe le **haruguru** maison et l'avant-cour **urugó**.

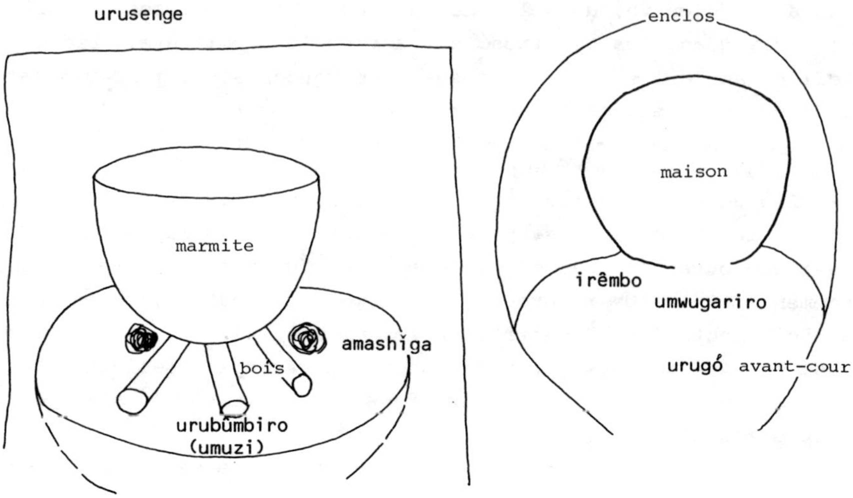
urusenge
marmite
amashiga
bois
urubũmbiro
(umuzi)
enclos
maison
irêmbo
umwugariro
urugó avant-cour

Fig. 17

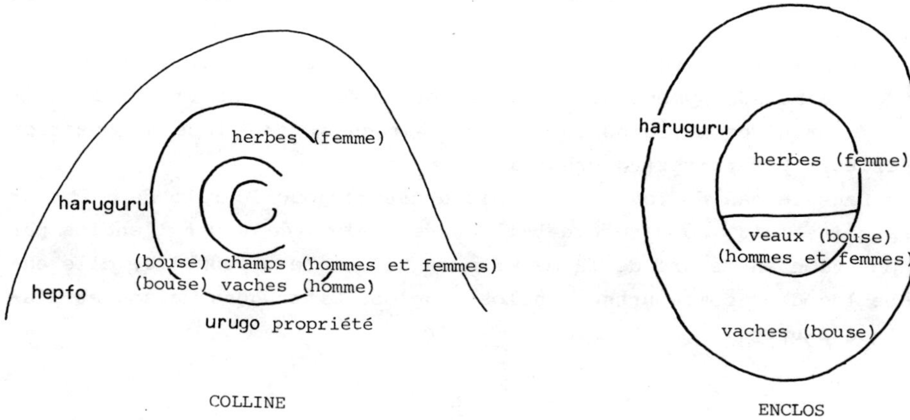
herbes (femme)
haruguru
(bouse) champs (hommes et femmes)
(bouse) vaches (homme)
hepfo
urugo propriété
COLLINE
haruguru
herbes (femme)
veaux (bouse)
(hommes et femmes)
vaches (bouse)
ENCLOS

Fig. 18

4. PROPRIETE

Il faut revenir à la propriété, urugó, dont nous avons laissé à part quelques données pour découvrir une autre forme d'inversion. Nous y avons trouvé les termes classiques haruguru/hēpfó pour en distinguer les deux parties selon leur position sur la colline. Pourtant, c'est à l'intérieur de ces deux catégories que se présente l'inversion.

Dans la partie basse, le hēpfó y urugó, par exemple, le hēpfó étant habituellement identifié à la femme, se déroule une activité plutôt masculine : les hommes y font paître les vaches. L'activité féminine est dans le haruguru, partie où, dans d'autres situations, logent les mâles : le chef, le père, etc. Mais, dans la propriété, c'est là que les femmes cueillent les herbes, dans un champ qui ne reçoit aucun apport animal; on ne le fertilise même pas avec de la bouse.

Juste en bas de l'enclos, toujours dans le hēpfó, en haut de la pâture des vaches, s'étendent les champs qui sont, par contre, fertilisés avec de la bouse. Ces champs sont ensemencés à la fois par l'homme et par la femme : la femme a pour tâche de semer (kurowera "enfoncer") les courges, qui semblent être un symbole féminin, et l'homme, en jetant la graine, kubiba, sème le sorgho qui est un symbole de lui-même.

Cette répartition des activités suit bien celle de l'enclos. Dans celui-ci, le haruguru est le lieu féminin; on n'y trouve pas non plus de trace d'animal ni de bouse car c'est une obligation de se laver les mains pour enlever la bouse avant d'entrer dans la maison.

Les soins aux vaches correspondent à ceux qu'on leur donne dans l'avant-cour urugó. Le travail commun de l'homme et de la femme dans les champs fertilisés avec de la bouse correspond, selon nous, au vestibule de la maison, umuryângo, lieu masculin où se trouvent les veaux, donc la bouse. Il y a encore ici une présence féminine, celle de la jeune fille qui se présente dans son double rôle d'hôtesse des visiteurs pour les hommes et de préposée à la cuisine.

En résumé, en ce qui concerne la propriété, urugó, selon des critères qui suivent les lignes normales de la colline et respectent la supériorité du mâle, nous avons la surimposition des critères de l'enclos où la femme usurpe cette position.

Nous trouvons donc une inversion dans l'enclos et dans les endroits qui représentent l'enclos, à savoir le foyer et le lit, tous les trois contenant un symbole de la matrice de la femme. Mettre la matrice en position supérieure semble vouloir dire qu'au moment de la création de la vie, qui a lieu précisement dans ces trois lieux, la femme joue un rôle plus important que celui de l'homme.

En ce qui concerne l'inversion dans la propriété, celle-ci, sur un plan, semble aussi représenter l'enclos, car la répartition des activités suit celles de l'enclos, avec celles de **haruguru** en position supérieure. La propriété aurait-elle donc aussi une qualité féminine par le fait qu'elle fait pousser les produits qui soutiendront la vie de tous les êtres dans l'enclos, bétail compris?

a. Pénétration/Naissance

Monter

Ayant proposé une première raison pour laquelle on met la partie féminine en position plus élevée, nous croyons en déceler une autre, au moins au sujet du lit et de l'enclos; c'est pour montrer, selon nous, que l'acte de "monter" exprime le mouvement du mâle vers la femelle, c'est-à-dire l'acte sexuel et que l'acte de "descendre" décrit la naissance.

Regardons d'abord le lit. A. BOUCHARLAT nous explique que le simple fait de grimper sur le lit constitue en soi l'acte sexuel. (L'antithèse de ce geste étant de se mettre par terre comme aux moments de deuil).

Or, on monte sur le lit par l'échelle dans l'espace **umurère** et on continue de grimper jusqu'à la tête du lit. Si nous reprenons notre image du lit comme représentant l'enclos, à savoir la tête, la maison et le reste, l'**urugó** avant-cour, nous nous rendons compte que nous sommes en train de retracer le passage de l'**irêmbo** jusqu'à la maison, ce qui sera aussi un trajet de bas en haut, linguistiquement parlant, vers le **haruguru** "le haut".

Ce mouvement vers le haut qui représente l'acte sexuel nous paraît accompagné par le concept de pénétration, concept qui, nous le verrons, apparaît également à chaque rencontre entre les parties masculines et féminines.

Prenons l'entrée principale de l'enclos, **irêmbo**. Lorsqu'on passe par l'**irêmbo***, on dit **gucá irêmbo**, le sens du **gucá** étant "couper, trancher... passer, se faufiler" par l'**irêmbo**. C'est comme si le corps humain en soi était capable de couper ou trancher l'espace par son mouvement, par exemple, vers la maison. Rappelons que le terme **irêmbo** désigne l'espace même, ainsi que le verbe le plus rapproché, **kurêmburura** "enlever les barres de protection" et, dans l'expression **mu marêmbo y'imisozi** dans les cols de montagnes", **irêmbo** signifie "le col".

Cette même idée de "couper" l'espace semble implicite dans les verbes entourant le geste de placer une fermeture à une entrée. Pour **irêmbo**, par exemple, comme dans une position d'érection (on fait de même sur la colline); le verbe **guhindira**, "barrer l'entrée..." est de la même famille de mots que **uruhindu** "l'alène", instrument de fer qui sert à tresser.

On compare aussi l'acte de "barricader l'entrée de l'enclos" **kwugarira** à **kujîsha** "tresser", terme noble pour fermer l'enclos, mettant l'accent sur le geste même d'enfoncer l'alène ou, dans ce cas, les branchages. Or, une étude de P. SMITH établit une comparaison entre l'alène et la lance (synonyme du phallus), montrant le caractère phallique de celle-là. De ce fait, nous pourrions établir le même rapprochement entre les branchages et le phallus d'une part, le geste de fermer le kraal et l'acte de pénétration masculine d'autre part.

N'est-ce pas à cause de ce symbolisme que seul l'homme ferme le kraal et que cette tâche passe à son fils après sa mort? C'est un puissant interdit qui empêche la fille de simuler le geste de son père en s'adossant le soir (quand on ferme l'entrée) contre l'un des piliers de l'**irêmbo**.

Pour la porte de la maison, le proverbe le dit bien, c'est "le chef de famille" qui ferme la porte, même celui "de basse condition". Le caractère phallique de la porte est clair : elle est en forme de "bouclier" et le proverbe nous explique que, si la porte de la maison s'en va, c'est comme si le père quittait la maison, laissant derrière lui le désarroi*.

*RODEGEM explique que la porte de la maison est enterrée avec le fils de la maison. Cela peut vouloir dire que la porte est d'une importance secondaire par rapport à l'**irêmbo** dont les piliers sont enterrés avec le père.

A l'intérieur de la maison, nous découvrons que la claie, **ucūgi**, du foyer et du lit joue un rôle semblable à celui des branchages, **umwugariro**, et de la porte, **urūgi**, mais sur un plan horizontal.

D'abord, le terme **ucūgi** est linguistiquement lié à ces deux termes : **umwugariro** et **urūgi** par le radical **ūgi** "claie, porte" et directement au terme **urūgi** "porte". Sa forme en trapèze semble vouloir créer le même effet phallique que la forme de bouclier pour la porte.

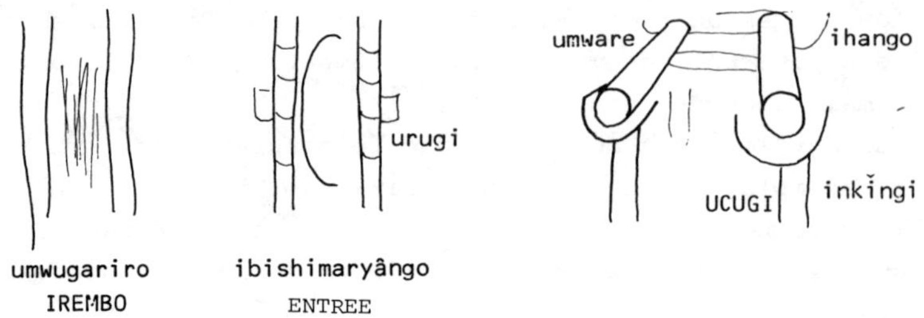
umware
ihango
urugi
UCUGI
inkǐngi
umwugariro
IREMBO
ibishimaryângo
ENTREE

Fig. 19

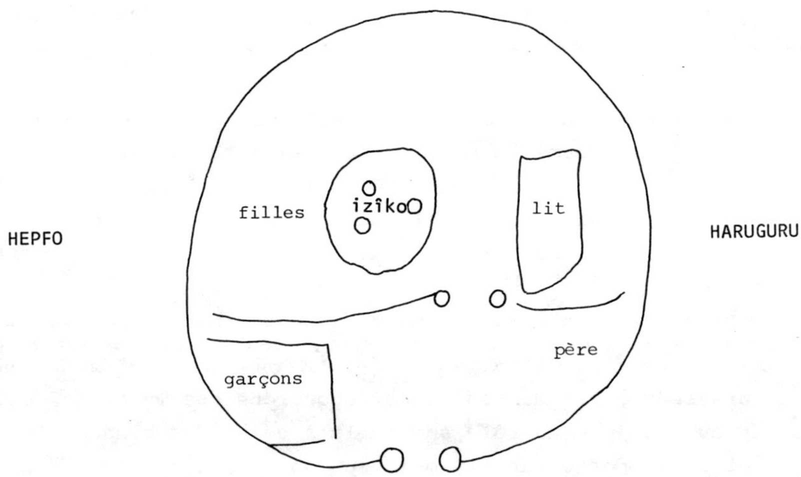
HEPFO
filles
izîko
lit
HARUGURU
père
garçons

Fig. 20

Dans ce cas-ci, les piliers du foyer et du lit qui reçoivent la claie assument un rôle féminin comme les piliers **ibishímaryângo** de l'entrée de la maison qui reçoivent la porte **urūgi**. Ces premiers piliers sont ouverts (leur entaille **ihango** est semblable, en quelque sorte, à une jarre **impângé**, provenant de la même famille de mots que **ihango**) et ils reçoivent les traverses **umwaro** de la claie; les piliers du lit sont enterrés avec la femme, les traverses du lit avec l'homme, ce qui confirme le symbolisme de leurs rôles respectifs.

Descendre

Maintenant, nous formulons la contrepartie de notre théorie, à savoir que l'acte de descendre représente la naissance.

La femme qui va enfanter quitte son lit, **uburiri**, pour s'étendre par terre sur un petit lit d'herbe et de bois, **ikiriri** (préfixe de la classe 7, **iki-**, avec le thème **-riri** comme en **uburiri** "le lit"). Les jeunes filles couchent toujours par terre, comme pour se préparer, plus tard, à leur rôle de mère*.

*Même la natte qu'elle étale par terre dans **umuryângo** pour les visiteurs semble une sorte de lit, spécialement quand la natte est déroulée à moitié, la partie encore roulée comme la tête du lit.

Par contre, les garçons sont sur les lits élevés, **ikirǎmbi**, pour éviter la terre à laquelle ils n'appartiennent pas.

Pour le rite de la première sortie, **gusohora***, la mère fera naître une deuxième fois son enfant en le portant de la maison vers l'**irêmbo**, passant par l'espace **irêmbo** à l'extérieur. C'est aussi un passage du **haruguru** vers **urugó**, du haut vers le bas, linguistiquement parlant.

*L'entrée du **Ntare** qui suit le chemin de la frontière du Rwanda-Burundi, à travers le fleuve, etc. sera exprimée par **gusohora** ... (**gusohora i Burundi**, DRF 445, **gusohora**), verbe décrivant la première sortie de l'enfant, commençant par la maison et continuant vers **irêmbo**, à l'extérieur. Les deux actions semblent vouloir exprimer une naissance.

Un côté de la maison semble dédié aux enfants, le côté où est situé **izîko**, le foyer (généralement sur la partie basse de la colline). Les filles y étalent leur natte pour dormir et le lit des garçons se trouve dans ce même axe. Le lit des parents est dans l'autre partie de la maison. Au Rwanda, le père s'asseoit sur ce même côté où est dressé le lit des parents*.

*Selon GASARABWE, il se peut qu'il y ait une partie haute et une partie basse dans la maison.

La propriété elle-même, **urugó**, d'une façon subtile, semble jouer sur ce thème. La bouse se trouve uniquement dans les champs en bas de la colline. Or, la bouse nous paraît symboliser l'enfant*.

*Si nous étudions bien les interdits concernant les femmes qui la ramassent : par exemple, elles s'abstiennent de cette tâche quand elles sont enceintes ou pendant les jours de deuil, surtout s'il s'agit du deuil du roi. Les rites de la première sortie, **gusohora**, semblent offrir la même interprétation. La mère donnera à manger aux petits enfants un pâté dans lequel elle a mis des excréments pour s'assurer la naissance d'une autre progéniture.

Pour en faire un résumé, là où il s'agit de l'expression de l'acte sexuel, nous avons le concept de monter et là où il s'agit de l'expression de la naissance, nous trouvons le concept de descendre; la propriété, l'enclos, maison, lit et foyer, tous jouent sur les deux thèmes.

C. Pénétration des liquides

Revenant à la notion du mouvement vers le haut comme un symbole de la pénétration masculine, nous croyons découvrir dans l'enclos une deuxième représentation de cet acte dans le passage des fluides de l'extérieur de l'enclos vers le **haruguru** "le haut" de l'enclos, passage qui se déroule en deux étapes.

1. VERS L'ENCLOS

dans le **ku-nâma*** les gens se rassemblent avec leurs cadeaux : bière de banane (ou nourriture).

*Une deuxième cour égale à **urugó**, l'avant-cour, et identifiée comme elle à l'homme par le fait d'une certaine réciprocité entre les deux lieux, à savoir l'investiture et la traite. **Ku-nâma** aura un rôle supplémentaire, celui de contenir les hommes, lors des conseils (**inâma**) publics.

Ils passent ensuite entre les piliers de **irêmbo**, ce qui est un geste de fécondation pour les gens du pays : **irêmbo riravyâye** "irêmbo a engendré", disent-ils en se référant plus spécifiquement à la bière qui entre avec les invités. **Irêmbo**, le mâle, engendre avec la bière de banane, symbole de l'homme*.

*Ce sont les hommes qui ceuillent les bananes, tout contact avec le bananier étant interdit à la femme. Ce sont les hommes qui fabriquent la bière dans le **urugó**. Le jeune garçon est plutôt symbolisé par le bananier à bananes naines, **igipáca**, qu'il fait planter dans **ikigó**, pour le rite de la première sortie.

La bière sera consommée dans la partie mâle de l'enclos, **urugó** l'avant-cour (ou dans la contrepartie de l'**urugó**, dans **umuryângo**, le "vestibule")**.

****Urugó** absorbe aussi les hommes, les notables y sont investis, **kwâtira**, comme quelque chose qui "glisse dans une fente", **kwâtira**, également, image encore d'un récipient coupé.

2. VERS LA MAISON - LE LAIT

En ce qui concerne la deuxième étape du passage des fluides vers le **haruguru** "le haut", il s'agit du lait qui est recueilli dans l'avant-cour **urugó** et approté au **haruguru** de la maison. Il est utile à ce moment de rappeler quelques détails entourant l'usage du lait.

C'est l'homme qui trait le lait dans un pot, **icǎnsi**, en bois d'Erythrine, arbre qui symbolise la fécondité et la protection masculine.

Dans le **haruguru**, le lait sera consommé par la famille, le père et la mère buvant dans le pot **icǎnsi**, les enfants dans une courgette, **urukongōre** (qui veut dire "les enfants y mordent"). Seul le père reste debout, les autres s'asseoient, les jambes étendues; pour la mère, on dit **kuramvya** "étendre les jambes" (la position du barattage de la femme dont le geste de **gutêrera**, "baratter...lancer" est vu par A. BOUCHARLAT comme simulant l'acte sexuel). Pour les enfants, on dit **kurambya bunyana**, "étendre les jambes, à la manière d'un veau".

Au moment de boire le lait, on mange de la pâte préparée par la femme. Au foyer, **izîko**, elle fera la pâte à partir des grains, **imbuto** (terme désignant également "le sperme"), de sorgho (symbole du mâle), maīs, etc. et les mettra dans la marmite d'eau bouillante dont une partie est mise à part dans un pot également taillé dans l'Erythrine. La pâte sera consommée exactement en même temps qu'on boit le lait, poussée par le lait; la langue désigne cet acte par un verbe.

Le lait, d'une façon ou d'une autre, paraît représenter à la fois un liquide fécondant à l'égal du sperme et une nourriture pour les enfants comme le lait maternel : le couple boit dans un pot, taillé dans le bois lié au mâle et à la fécondité, dans les positions qui suggèrent l'acte sexuel et les enfants plutôt une courge maternelle comme les petits veaux.

Cuite dans le lieu à côté duquel la femme accouche, la pâte est une sorte d'enfant, selon la littérature, provenant de la graine, symbole du sperme, et de l'eau, symbole de la mère.

Les membres de la famille, **umuryango** ("famille" ou "ceux qui mangent ensemble", **-ri** "manger") semblent revivre la création de l'enfant et l'acte de nourrir après sa naissance*.

*Notons que **-ri** "manger", selon RODEGEM, est peut-être à rapprocher de **umuryango** "famille", relation suggérée par le proverbe : **Umuryango uryoha uryâna** "la famille est (chose) agréable, mais elle ronge".

Cette idée du lait comme symbole du sperme a déjà été exprimée par P. SMITH. Dans la région des lacs, nous savons déjà que le lait symbolise le roi; au Bunyoro, le peuple s'exclame à sa mort que "le lait est renversé" et au Burundi que le nouveau lait **imfyûfyu** désigne le "jeune roi"* qui évoque à la fois l'idée de masculinité et celle d'enfantement.

*Comme il y quatre rois dont trois portent des noms liés à la blancheur, la couleur du lait : **Ntaré** (**intare**, "peau claire"); **Mutâga**, "en plein jour"; **Mwêzi-Gisabo**, "la lune-baratte", pouvons-nous supposer que chacun des quatre trayons produit un roi?

Une devinette compare le lait qui coule dans le pot aux "enfants du roi qui se précipitent vers le tambour" et c'est là que le concept des enfants à l'intérieur de ce symbolisme du sperme devient plus clair*.

*Le jet de lait est également comparé à un sifflet, comme si l'air s'écoulait comme un liquide. Nous pourrions peut-être dire aussi que la position des lèvres, à ce moment, a presque la forme d'un pis. Il est intéressant de noter qu'il est formellement interdit à la femme de siffler.

3. URUHIMBI

C'est plus ou moins autour de l'étagère, **uruhimbi**, que tous ces changements concernant le lait ont lieu*.

*Selon une Rwandaise, **uruhimbi** est peut-être connu par le terme "les seins". C'est à côté de **uruhimbi** que la nouvelle mère commence à allaiter son enfant.

Endroit où reposent tous les récipients du lait (et les paniers de nourriture), il a presque toujours un sens "sacré" car cette étagère est comparée à la table de communion (et le lait à la communion même?)*.

*Le terme **intákamá** "qui n'a pas de fin, infini", provient de **gukáma** "traire".

Seule, la jeune fille peut la toucher. L'étagère semble identifiée à elle : les interdits montrent que tout mal fait à l'étagère menace la fille; l'étagère est fabriquée de petits roseaux, **amarênga**, le roseau est un symbole féminin, le seul meuble, à notre connaissance, qui utilise cette herbe*.

*Nous nous demandons aussi s'il n'y a pas un rapport à faire entre **uruhimbi** et **igihimbi** "la civette" qui projette un liquide.

Nous dirons aussi que l'**uruhimbi** est presque un deuxième lit. Tous les objets posés sur l'étagère peuvent être placés sur le lit*.

*Nous remarquons aussi que certains lieux semblent mis en opposition par les interdits. Les objets du foyer ne touchent jamais l'**uruhimbi**; le lait ne touche jamais le foyer et le bâton du pasteur ne peut être posé sur la claie du foyer. De plus, on ne mange pas sur le lit. Ceci semble créer une opposition entre le foyer et l'**uruhimbi**, **urugó** l'avant-cour et le lit.

De plus, l'étagère se trouve souvent contre la paroi exactement en face du lit. De la même manière que le lit du couple représente le corps de la femme, nous croyons que **uruhimbi** représente le corps de la jeune fille*.

*Le placement des objets peut être significatif : la baratte, toujours au milieu, symbole de matrice; les pots de lait, symbole du sein d'un côté, les paniers, symboles de matrice, de l'autre, une disposition comme le corps humain.

Il sera aussi un corps androgyne; dans le **ingóro** royal, cette étagère est soutenue par sept piliers avec les planches, **umwâshi**; les piliers, symboles masculins, le chiffre sept correspondant aux sept cerceaux de la partie féminine de la maison*.

*La tante paternelle semble un symbole d'un être androgyne. Seul membre de la famille à assister au mariage de ses neveux (ou nièces), elle possède bien en elle les deux forces : femme, provenant du lignage du père.

Par son contact avec le lait, la jeune fille a une relation plus intime avec le père, à la différence de la mère. La fille fait fonction d'hôtesse du père, à l'entrée de l'**irêmbo** (au mariage, la génisse placée entre les piliers de l'**irêmbo** en est peut-être un symbole) et, comme les "nattes pour les hôtes" dans le vestibule, **umuryângo***.

*Le garçon se trouve lié à la mère en ce sens qu'il fait planter son petit bananier, pour la première sortie, dans sa cour à elle, **ikigó**; dans un autre sens, il setrouve divisé entre le père et la mère par sa position dans **umuryângo** où se trouve son lit, qui est à la fois une partie de la maison mère, mais située dans la partie masculine. Les enfants sont, bien sûr, liés à la mère qui les éduque jusqu'à la puberté; les tombeaux des enfants sont à côté de celui de la mère dans les coins, **intába**, de la maison.

La relation entre la fille et le père semble être la contrepartie de celle qui existe entre la reine-mère et le roi, son fils avec lequel elle gouverne; ce qui renforce le concept des forces androgynes comme source de puissance chez les Barundi.

Grâce à notre interprétation du lait, cette notion d'androgynéité trouve une expression encore plus unifiée dans la vache : une femelle qui produit un liquide ressemblant au sperme*.

*Le pis, par sa forme et sa place au fond de l'abdomen de la vache, peut-il rappeler aux Barundi un phallus comme c'était le cas dans une étude de FREUD (1974)? Nous croyons trouver une confirmation de cette interprétation dans le lait que, si le lait tarde à sortir du pis, on en met une goutte dans une termitière. Or, la termitière s'est déjà révélée comme un symbole phallique; si on y associe le pis, celui-ci devient aussi un symbole phallique.

Selon P. SMITH, la vache est un animal "semi-masculin" par le fait que, dans la poésie guerrière, sa corne est comparée à une lance*.

*Est-ce pour cela que les vaches et les femmes sont tenues à l'écart l'une de l'autre; les femmes gardant la maison quand les vaches sont dans la cour **urugó**, ainsi que les mortiers et nattes, symboles de la femme? L'ouverture **icanzo** est spécialement étroite, nous expliquent les Barundi, pour que les vaches ne pénètrent pas dans le domaine de la femme, **ikigó**, comme les veaux logés sous le lit dans **umuryângo** évitent à tout prix le **haruguru** de la maison.
Par contre, la vache et la femme sont identiques dans la mesure où elles sont toutes les deux des femelles qui mettent au monde des enfants et produisent du lait pour nourrir l'enfant. Ce deuxième point a fourni à P. SMITH l'une des raisons possibles pour lesquelles il est interdit à la femme de faire la traite. Cette interprétation nous paraît exacte car cet interdit frappe seulement la femme déjà enceinte ou mère, autrement dit la femme qui a la possibilité de donner du lait. L'homme est maître des deux en tant que pasteur et "le maître de maison" **umunéga**. "Le monarque" est intimement lié à la vache car l'on appelle "le trayeur" **umukáma** et sa cour **I bukáma** (dérivé de **umukáma** "le trayeur").

Même le feu auprès duquel la vache est traite est androgyne. Symbole du père, igicâniro est pourtant totalement sous la domination des forces féminines : aligné à izîko, le foyer, composé des herbes du marais, comme urukângaga, qui est utilisé pour le lit; c'est la mère ou la fille qui l'allume en portant une étincelle du foyer.

4. CORPS ANDROGYNE MASCULIN

Le roi semble assumer aussi un rôle androgyne. Il est identifié au lait. On compare son ventre à une baratte, symbole classique de la matrice de la femme? Le terme décrivant l'acte d'être intronisé : kwîma, signifie également "être sailli, être fécondé" et, en effet, le roi s'asseoit sur le taureau blanc, **Sêmasaka**, "le père du sorgho", le jour de son intronisation. Le taureau est un mâle blanc, de la couleur du lait et du sperme*, et le sorgho a déjà été envisagé comme un symbole phallique.

*Le roi "monte aussi sur le tambour" quand il prend le pouvoir : le premier tambour a éé fabriqué précisement de la peau du taureau blanc (contre laquelle le serpent sortant de son trou se cognait la tête). L'expression "monter sur le tambour" veut-elle faire revivre le premier geste de monter sur le taureau blanc?

Le roi, **umwǎmi**, est fécondé, **kwîma*** pour féconder, **kwâmira**, "porter du fruit à, féconder" (verbe dont est dérivé **umwǎmi** "roi") ensuite son pays avec le fluide, **imâna****.

*Nous trouvons unautre exemple de cette qualité androgyne du roi dans le fait que l'on appelle la reine des abeilles et termites en **kirundi** "le roi" (DRF 194, **umwîru**).

Dans ce cas probablement le sperme; rappelons que le roi est comparé au lait. Un deuxième point : quand il y a famine, on dit que le roi est sec, **cúmyá ou **kwûma**, terme décrivant également sa mort. Après sa mort on semble vouloir enlever toute trace de fluide, **imâna**, la vie, car on le boucane sur une claie. Il se tue aussi pendant la saison sèche (NDAY, 1977).

Le pot, **icǎnsi**, dans lequel est recueilli le lait, semble continuer ce symbolisme? Taillé en bois d'Erythrine, lié au mâle, le pot a une forme allongée comme un tambour auquel il est comparé par une devinette. Le tambour, dans la vie du roi, joue un rôle important : il est le symbole du royaume*.

*Comme nous l'avons dit, il "monte sur le tambour" ou, à sa mort, "il transmet le tambour".

Pour parler des possessions du roi, on dit qu'on les a mises dans l'intérieur du tambour, **ibigó bitāha ingoma** (il est vrai aussi, selon DION, qu'on cachait des trésors dans le tambour). Lorsqu'on parle des "proches parents du roi", on dit **inda y'ingoma**, ce qui signifie littéralement "le sein du tambour". Le tambour possède donc un certain symbolisme maternel? Pourtant sa forme n'est pas ronde. Luc DE HEUSCH le voyait justement comme le symbole par excellence du pouvoir mâle.

A ce propos, la ruche aussi a une forme allongée comme un tronc d'arbre. En plus, le lait est comparé au miel dans le terme **umutsǎma** qui désigne "le lait qui dégoutte avant la naissance du veau" et "le miel non-liquide". Pour dire qu'on prend le miel de la ruche, on dit "traire" la ruche. On fait cette "traite" à la même heure le soir, **amugarira** (l'heure où l'homme ferme le krall) que la traite des vaches, ces deux tâches appartenant au mâle. Que les activités autour du lait et du miel soient associées, sinon le lait et le miel mêmes, peut laisser supposer un rapprochement entre la ruche et le pot à lait et expliquer le fait que tous les deux aient une forme semblable*.

*Le miel est peut-être aussi un symbole du sperme (suggestion de L. BOUQUIAUX); le roi se donne la mort en prenant un breuvage de miel empoisonné.

Nous ajoutons à cette analyse que le pot à lait est également comparé à la colline par une devinette; plus précisément, selon DION, c'est l'intérieur de ce récipient qui est comparé à la colline. Dans ce cas-là, nous croyons que l'intérieur du pot est plutôt comparé à la vallée et non a la colline. La langue propose une image de ce genre. Le vocable **umugǎmba** "rive, berge", là où paissent les vaches, signifie aussi, en langage noble, "pot à lait".

Le terme **umubândé** "vallée" est employé dans la locution **umubândé w'înká** "un vallon plein de vaches", comme si les vaches avaient été "pressées de haut en bas" ou "gorgées" **kubanda** (le verbe dont est dérivé **umubândé**) dans la vallée. Ici, la vallée est le récipient des vaches mêmes.

Cette forme allongée nous fait repenser à notre analyse des **ingó** (pluriel de **urugó**) comme à une forme ronde fermée, mais les filles qui font la danse de l'enclos forment un ovale, non un cercle. Comme nous avons établi une identité entre tous les **ingó**, cette forme s'appliquera donc à tous les trois.

Nous constatons également que ce que nous venons de décrire chez le roi se reproduit exactement dans l'avant-cour, nous semble-t-il. **Urugó**, l'avant-cour, déjà associée à l'homme et vue comme un récipient, et même une matrice, sera, comme le roi, la matrice mâle fécondée, **kwîma**, par **ku-nâma**, un deuxième mâle (l'enclos, le mâle, fécondé aussi par lui) et par **irêmbo**, symbole mâle, par lequel passe un liquide égal au sperme, la bière de bananes.

De lui-même **urugó** produit le lait (comme les vaches qu'elle contient) avec lequel il fécondera la partie féminine de l'enclos, le **haruguru** de la maison.

En conclusion, grâce à la fécondation de la matrice mâle, **urugó**, il peut, de sa tour, féconder la maison, la matrice femelle, par l'intervention du corps de la jeune fille, symbolisé par l'étagère, **uruhimbi**.

D. La tête

1. LAIT/MAISON

Le lait féconde la maison, mais il semble aussi créer la maison, tout au moins les perches. Rappelons que le verbe décrivant le lait qui coule est **gushinga** "jaillir (liquide)" et que ce verbe a aussi le sens de "planter, enfoncer en terre". De plus, la locution **amáta ashinga imiganda** "où le lait coule à flot", reprend la même idée mais d'une façon plus imagée et plus directe, dans sa traduction littérale qui est "où le lait fiche les perches", de la maison, **imiganda**.

Or, nous avons déjà insisté maintes fois sur le caractère masculin de ces perches en position debout, à tel point qu'elles portent le nom **ishîngé**, dérivé de ce verbe **gushinga**. Nous avons également démontré que l'idée "d'enfoncer les pieux de la petite palissade" **gushinga akarimba** est une autre façon de dire "les princes de la cour suprême se sont réunis", l'accent étant mis sur le fait de pénétrer la terre, **gushinga**.

N'est-il pas vrai aussi que le concept qui se manifeste derrière le mot **umunéga** désignant l'homme "le maître de la maison" est bien **kunéga**, "enfoncer, ficher dans la terre, planter droit", ce verbe dont est dérivé **umunéga***.

*Nous retrouvons cette même notion chez les notables, **umushîngantǎhe** : pour dire "prononer des sentences, juger", on dit **gushinga intǎhe**, littéralement "enfoncer la baguette de Ficus, la verge judiciaire" (DRF 423, **gushinga** et 464, **intǎhe**).

Déjà, avant d'aborder le construction, nous présentions une relation entre un élément liquide et la création de la maison. C'est avec **urugera**, la houe en pierre que l'on a tracé un cercle sur le sol. Or, **urugera** désigne aussi la lance du pluviateur qui fait venir la pluie (fluide mâle qui pénètre la terre) parce qu'elle pénètre dans la terre devant l'entrée de la maison.

Quand se déroulaient les rites pour choisir l'emplacement, les éléments masculins ont pris l'initiative : on a allumé le feu et on a jeté la pierre, **ingāsíro** (la partie mâle des pierres à moudre) sur la terre mère comme si l'on voulait sonder sa disponibilité.

Si le lait, liquide mâle, contenant les enfants, fiche les perches, ces perches, en tant qu'éléments individuels, équivalent aux enfants. Les perches/enfants fécondent la terre. Mais, la terre, que produit-elle? Selon nous, un enfant, la deuxième représentation de la maison.

Si nous examinons à nouveau nos termes de comparaison entre certains espaces de la maison et les parties du corps humain, nous nous rendons compte qu'au corps de la femme se superpose une tête couronnée de cheveux, **isunzu**, dont les tempes, **imisáya**, sont les deux côtés. D'autant plus que plusieurs devinettes comparent l'entrée de la maison à une bouche, complétant l'image de la tête.

Nous ne sommes pas seule à donner cette interprétation. L'un de nos informateurs nous raconte :

> "... Je pense qu'il faut considérer les tempes (**imisáya**) par rapport à l'**isunzu** (cheveux)... *si on compare la maison à une tête* (souligné par nous) et que la partie de devant correspond à celle qui comprend l'entrée, la tempe correspond à la partie où le **rugó** se joint à la maison" (Lettre du 16 septembre 1975, Burundi).

Et M. GASARABWE (1971 : 187) nous explique :

> "Les cuisses...s'estompent devant l'observateur pour laisser la place à *une gigantesque tête* (souligné par nous) à chevelure de chaume".

La colline nous paraît une tête car le sommet s'appelle **isunzu**, "les cheveux".

Les rites de l'emplacement ont annoncé cette naissance. On a bu de la bière en fermentation, bière dont tous les éléments sont présents mais en période de gestation : symbolisme évident de la création puisque c'est cette bière que l'on boit pour l'intronisation du roi, autre forme de naissance, semble-t-il.

Et quand on pense que la construction de la maison ne dure qu'une seule journée, l'espace d'une vie, nous croyons, à partir de toutes les données, qu'il s'agit d'une naissance, celle d'un enfant dont nous ne voyons que la tête.

2. ENRACINEMENT

Cette tête est pourtant une tête dont nous ne voyons qu'une moitié, comme une moitié d'un oeuf, symbole de la maison, dont l'autre partie est logée dans la terre.

On se souviendra que le corps de la femme représenté par la maison n'est pas totalement sorti de la terre; nous ne voyons que la partie supérieure des cuisses, **ikibero** (la partie inférieure portant le nom de **itáko**). En effet, la maison/femme est bien, comme la devinette nous la décrit : c'est un animal "qui a un derrière pourri", autrement dit, légèrement enfoncé dans la terre.

Ce n'est pas la première fois que nous rencontrons cette image d'une chose partiellement enterrée. Tout le foyer **izîko** est enraciné, si nous sommes attentifs au sens du verbe **kuzîka** "enfouir sous la terre,...cacher,...enterrer, etc".*

*Rapproché de **izîko** et de la même famille que **umuzi** "racine", terme décrivant aussi le cercle d'argile entourant les pierres du foyer".

Le foyer est enraciné, comme la maison qu'il représente. Et la marmite, quand elle ne sera pas sur le feu, sera posée dans un creux dans la terre.

L'enclos existe aussi nous la terre : on plante des pieux qui sont les branches vivantes pour qu'elles prennent racine dans le sol.

La famille cherche un enracinement, ainsi qu'il nous apparaît dans les rites entourant la naissance. Pour les six premiers enfants, on plante une feuille dans chacun des cerceaux en montant vers le haut de la maison. Pour le septième, on monte sur le toit et on crie : "mon père et ma mère ont atteint le nombre sept" et le septième enfant aura le privilège de porter le nom de **Nyamizi** (de **umuzi** "racine") qui veut dire "la famille est bien enracinée".

Le nombre sept dénote peut-être le couple : l'homme, trois, la femme, quatre. Dans le système des chiffres en **kirundi**, 1-6 sont des "thèmes ... qui prennent les préfixes d'accord". Le sept, par contre, est un substantif (cf. PG 35).

Pourtant le nombre des cerceaux, 7 en bas, 5 en haut nous invite à réfléchir sur le concept derrière cette présentation, le 7 associé à la femme, le 5 à l'homme. (Nous avons déjà proposé une représentation des saisons de l'année). Si nous regardons toute l'habitation, nous nous rendons compte que à chaque fois le mâle est représenté, comme dans l'**urugó** avant-cour, cette partie-là est divisée en deux entre une moitié mâle et une moitié femelle, tandis que la partie féminine, comme le **haruguru** possède deux "enclos", donc deux mâles. Ce qui fait pour le mâle, le chiffre 3, plus 2, moitié femelle = 5; pour la femme, le 4, plus 3 (deux moitiés mâle- = 7. La femme semble donc être l'être androgyne parfait.

L'enracinement semble donc lié à la naissance, la maison, le foyer et la marmite étant des symboles de la femme.

La femme est enracinée dans la terre, la pourriture de son corps (le derrière pourrie) s'assimilant avec la terre. Elle s'y enfonce pour créer la vie; son corps semble en tirer les forces de fécondation, comme la colline, comparée à une tige, suce le liquide (la bière) d'en bas.

En effet, toute source de vie au Burundi est le fluide, **imâna**; même le roi est "né", c'est-à-dire, "intronisé" durant la saison des pluies. Les feuilles représentant la naissance de chaque enfant commençant dans la partie humide de la maison.

La femme crée un enfant de son propre corps humidifié par **imâna** : **umugóre imâna i imirima** "la femme et **imâna** font champ commun" dans une terre déjà fécondée par l'homme.

Cette émergence de la maison de la terre semble trouver un sens plus profond dans le verbe **kuzūka** que l'on peut rapprocher de **inzu**; ce verbe signifie "sortir (de terre" et, par extension "ressusciter"). Si nous prenons au sérieux le deuxième concept contenu dans ce verbe, nous avons affaire avec la possibilité d'un mort retrouvant la vie. L'enfant né de la terre où se trouvent les tombeaux de ses ancêtres.

Pourrions-nous proposer l'hypothèse que cette "résurrection" sera celle de l'ancêtre qui reprend vie dans son petit enfant?*

*La forte relationentre les grands-parents et les petits-enfants en Afrique est bien connue. Au Burundi, par exemple, lorsqu'on plante un arbre pour l'enfant dans le **ikigó**, c'est seulement un grand-parent qui peut en cueillir les fruits.

Lors des rites de l'emplacement, la famille évoque l'importance de l'ancêtre lorsqu'à la veille de la construction, on plante le Ficus ancestral. Que cela ait lieu la veille semble nous rappeler que l'ancêtre précède les vivants comme la veille précède le jour :

> La naissance est toujours renaissance de l'ancêtre, le cercle vital (qu'il faudrait appeler cycle de génération) se refermant sur lui-même toutes les trois générations. (BOURDIEU 1970 : 744).

Toute l'habitation au Burundi assistera à ces moments importants de la vie, à partir du moment où l'on choisit l'emplacement, la première fécondation, la construction, sa naissance, la mort quand la famille s'en va... et le cycle recommence "sans cesse", **kwâmira**.

IV. CONCLUSION

Habitation androgyne, composée d'un masculin qui entoure et soutient le féminin et qui pénètre aussi l'espace féminin, réceptable de la vie.

...qui révèle un jeu de forces entre le corps masculin et le corps féminin où tantôt l'une, tantôt l'autre prend la position de dominance.

Cercle fermé à l'intérieur duquel circule la vie, **imâna** "fluide" : lait, eau, qui est "infini" **intákáma** (de **gukáma** "traire").

La maison, symbole du corps féminin, reste finalement celle qui assure cette vie. Matrice implantée dans la matrice du patrilignage, elle fait "champ commun avec **imâna**" qui envoie vers elle l'ancêtre qui ressuscite, **kuzūka**. Accouplée à la matrice masculine (fécondée de l'extérieur, comme le roi), elle reçoit de lui la source de vie, **imâna**. Elle lui envoie les êtres vivants et ceux-ci y trouvent leur dernière demeure, enterrés dans sa matrice, qui fait une avec celle du clan...

...et le cycle recommance "sans cesse", **kwâmira**.

Dans ce rôle, la maison est comme la reine-mère, fécondée, **kwâmira**, par le roi et, en retour, elle lui donne un fils; mère qui assure par sa présence obligatoire la succession d'un roi, **umwâmi**, à l'autre.

...et le cycle recommence "sans cesse", **kwâmira**. (de **umwâmi**)

...est, comme le pays, fécondée, **kwâmira** (également "porter un fruit, féconder") par le roi et lui produit, dans le sol, une nouvelle vie; terre-mère qui assume la vie circulaire de la monarchie (retracée par chaque nouveau roi qui est intronisé) dès sa naissance au fleuve jusqu'à sa mort, aussi un fleuve...

.. et le cycle recommence "sans cesse", **kwâmira**.

LEXIQUE

ENCLOS

Ku-nâma	espace devant irêmbo.
Irêmbo, ama-[1]	entrée de la cour.
igikǐngi, ibi-	poteau de l'entrée.
umwugariro, imy-	branchages qui ferment l'entrée.
Urugó, in-	avant-cour
ikiramba, ibi-	terme noble : avant-cour de la maison royale.
isobánywa, (ama-) y'urugó-	branchages entrelacés.
ikirimbi, ibi-	pieu
intàba[2]	petite cour.
igicâniro, ibi-	1. endroit où on allume le feu pour faire la traite. 2. le feu même.
Ikigó, ibi-	arrière cour.
icanzo, ivy-	petite ouverture pratiquée dans la palissade séparant urugó et ikigó.

MAISON

Inzu, ama-	maison
ingòro-	maison royale

EXTERIEUR

ikibero, ibi-	saillies des deux côtés de l'entrée.
umusàya, imi-	extrémités de la maison.
umugôngo, imi-	partie arrière de la maison.
isunzu, ama-	faîte.
urukǎnkara (in-) kw'inzu	structure.
umuganda, imi-	perches
imiganda y'inzu	perches de la maison.
inkǐngi	piliers.
umwâshi, imy-	planche posée sur le haut du pilier.
igisenge, ibi-	toit.
agasôngero, udu-	voûte du toit.

---

[1] Le préfixe qui suit le terme indique la forme pluriel, s'il en existe. Par exemple, irêmbo au pluriel est amarêmbo.

[2] Le préfixe in- de la classe 9, désigne à la fois le singulier et le pluriel.

umutěnde, imi-	cerceaux du toit.
ikóma, ama-	cerceaux des perches.
igisoko, ibi-	partie basse de la maison.
umuryâŋgo, imi-	entrée/vestibule.
irébe	terme noble : entrée/vestibule de la maison royale.
igishímaryâŋgo, ibi-	charpente.
urukómaryâŋgo, im-	voûte proéminente
urūgi, inz-	porte

INTERIEUR

Haruguru	"en haut" Partie intérieure.
umurêré, imi-	espace entre les piliers qui forment l'entrée de haruguru et ceux de la chambre à coucher.
izîko, ama-	foyer
inkǐngi	petits piliers.
umwaro	traverse.
ihango	entaille.
urusenge, in-	claie au-dessus du foyer.
ishiga, ama-	pierre du foyer.
umuhúro, imi-	espace entre les pierres.
urubûmbiro, im-	rebord en argile autour du foyer.
(umuzi, imi-	"racine" et rebord en argile autour du foyer).
uruhimbi, impimbi	étagère du lait.
uburiri, ama-	lit des parents.
ikiriri	lit de l'accouchée.
ikirǎmbi, ibi-	lit des garçons.
ku-murére	où l'on monte sur le lit.
umuségo, imi	tête du lit.
umurâmbizo, imi-	pieds du lit.
umukingo, imi-	cloison.
inkingirizi	cloison entre le vestibule et le foyer.
impéte	cloison entre le foyer et la chambre à coucher.
urusîka, in-	cloison entre le vestibule et la chambre à coucher.

HERBES

ubwatsi bw'inzu	chaume.
ishîngé	herbe qui est étalée dans le vestibule.
urukâŋgaga, in-	(*Cyperus latifolius*, POIR.), herbe étalée sur le lit.

Dans la présentation des mots à l'intérieur du texte, nous gardons parfois la forme du singulier, même quand nous employons sa traduction en français au pluriel, pour faciliter l'identification du terme.

PLANCHES PHOTOGRAPHIQUES

Clichés Anne STANFORD, 1977

1. **Inzu** (maison)

3. **Irêmbo** (entrée de la cour-bambou)

4. **Umuryângo** (entrée de la maison)
(**Ibishímaryângo** - charpente-papyrus)

5. **Umwugariro** (branchages)

6. **Icanzo** (petite ouverture)

7. **Igisenge** (toit)
(**Agasôngero** - voûte)

8. Umwâshi (planche)

9. Isunzu (faîte)

10. **Amashíga** (trois pierres du foyer)

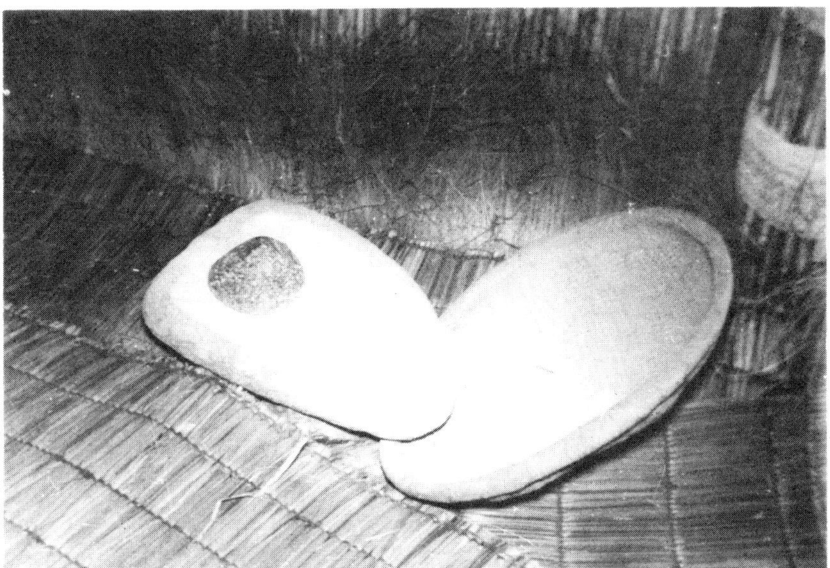

11. **Ingásīro** (petite pierre à moudre)
Urusyo (grosse pierre à moudre)

12. **Uruhimbi** (étagère du lait)

13. **Urusenge** (claie au-dessus du foyer)

14. **Ishingiro** (grenier)

15. **Umuzinga** (ruche)

BIBLIOGRAPHIE

BURUNDI

ALBERT (Ethel) - 1960a, Une étude de valeurs en Urundi, *Cahiers d'études africaines*, II, 147-160.

- 1960b, La femme en Urundi, *Femmes d'Afrique Noire*, Paris, La Haye, (éd. Denise Paulme), 173-205.

- 1960c, Socio-political organisation and receptivity to change : some differences between Rwanda and Urundi, *Southwestern Journal of Anthropology* XVI, 46-74.

- 1964-65, Rhetoric, Logic and Poetics in Burundi : *Culture Patterning of Speech Behavior. American Anthropologist,* (Special Issue, Winter), 35-54.

ARNOUX (R.P.A.) - 1931, Quelques notes sur les enfants au Ruanda et à l'Urundi; *Anthropos* XXVI, 341-351.

BERNARDIN DE SIENNE (M.) - 1947-1948, Urundi, Moeurs Indigènes, *Grands Lacs*, 63ème année, 4, 5, 6, 37, 40, pp. 229-232.

BOURGEOIS (R.) - 1951, *Banyarwanda et Barundi, I - Ethnographie*, Bruxelles, Académie Royale des Sciences Coloniales (Mémoire in-8° nouvelle série, Tome XV, fasc. unique).

- 1954, *Banyarwanda et Barundi, II - La Coutume*, Bruxelles, IRCB (Section des Sciences morales et politiques; mémoire - collection in 8°, Tome XXXV, fasc. unique).

- 1956, *Banyarwanda et Barundi, III - Religion et magie,* Bruxelles, Académie royale des Sciences Coloniales (Classe des sciences morales et politiques, mémoire in-8°, nouvelle série Tome IV, fasc. 2 et dernier, ethnographie).

BOYAYO (Abraham E.) - 1963-1964, *Le mariage traditionnel du Burundi,* Louvain, Univ. Cathol. (Inst. Africaniste, mémoire, licence ethnologie africaine).

BARAMPAMA (A.) - 1975, Abavurati, *QVS* 14.

- 1955, Tribunal de Chefferie Muronowya Bukeye, *Bulletin de jurisprudence Ruanda-Urundi* 14 (mars), 810-815, 820-823.

- 1946-1948, *Bulletin de Jurisprudence Ruanda-Urundi,* I (1 à 6).

- 1938, Conte, Le malchanceux chanceux, conte d'Urundi, *Grands Lacs,* 54 (7), 323-325.

BUCUMI (P.) - 1970, Les cérémonies traditionnelles dans le Burundi, traditionnel, Bujumbura, *QVS* 26, 37-60.

CHRETIEN (J.P.) - 1967, Le Burundi, *Notes et Etudes Documentaires,* Paris 7; *La Documentation Française* 3364, (17 fév.).

CHRETIEN (J.P.) et MWOROHA (E.) - 1974, *Aspects techniques et culturels de la civilisation agraire au Burundi,* (exposés faits au séminaire de M. Randles), Paris, EHESS.

DECLERCQ (C.) - 1971, *L'éducation sexuelle de la jeune fille au Burundi,* Kinshasa, Université Lovanium (Faculté des Sciences psychologiques et pédagogiques), 151 p.

DELACAUW (A.) - 1936, Droit coutumier des Barundi, *Congo* I (3), 334-357, I (4), 481-486.

GILLE (A.) - 1937, Notes sur l'organisation des Barundi, *Bull. des juridictions indigènes et droit coutumier Congolais* 5 (3), mai-juin, Elizabethville, 75-82.

GORJU (J.) - 1936a, Comment ils logent, *Grands Lacs,* 52 (5 et 6, 1° mars), 328-331.

- 1936b, Comment ils vivent, *Grands Lacs,* 52 (5 et 6, 1° mars), 331-335.

HALLER (S.) - 1973, *La statut culturel et économique de la femme des tribus pasteurs tutsi du Burundi et Hema de l'est du Zaïre,* Paris, Université R. Descartes (Sciences humaines - Sorbonne V).

HARIMENSHI (P.) - 1974, *La condition féminine, telle qu'elle se dessine dans la littérature et la société traditionnelle du Burundi,* (Mémoire Inst. Univ. des Sciences de l'éducation, juin).

HICUBURUNDI (P.) - 1973, La femme au Burundi, Bujumbura, *Au coeur de l'Afrique,* 4, 166-172.

JEAN CHRYSOSTOME (S.) - 1956, L'amour maternel chez les Barundi, *Trait d'union,* XXXIX, (5), 5-9.

KAYOYA (M.) - 1968, *Sur les traces de mon père,* Bujumbura Burundi, Lavigerie.

KEUPPENS (J.) - 1956, L'Urundi ancien et moderne, Bujumbura, miméo re : imiryango (patrilignage), *Bull. de Jurisprudence des tribunaux indigènes du Ruanda-Urundi.*

MAKARAKIZA (A.) - 1959, *La dialectique des Barundi,* Bruxelles, Académie royales des sciences morales et politiques, XIX (2).

MAQUET (E.) - 1967, Poterie du Burundi, *Revue Nationale d'éducation du Burundi* 4 (1).

MARTIN (J.)- 1936, Fille de roi, fille de Dieu, *Grands Lacs,* 57 (5 et 6), 313-320.

MUGEMANA (E.) et SINABUHAMAGAYA (P.) - 1977, La mort et les funérailles au Burundi, Bujumbura, *QVS* 28, 1-10.

MIONI (A.)- 1967, Littérature et traditions orales. Littérature Rundi, UNESCO inédit, mémorandum, *Problèmes d'orthographe, de linguistique et de coordination culturelle au Burundi.*

MWOROHA (E.) - 1966, L'art traditionnel au Burundi, la vannerie, *Revue nationale d'éducation au Burundi,* 4, 10-12.

NDAYISHINGUJE (P.) - 1967, *L'intronisation des Bami au Burundi* (Mémoire), Bujumbura, ENS.

- 1977, *L'intronisation d'un mwami*, Nanterre, Lab. Ethnol., 59 p.

NDIGIRYE (E.) - 1969, Les funérailles chez les Barundi, *Au coeur de l'Afrique* 5, 258-264.

NGOYAGOYE (E.) - 1965, Education traditionelle au Burundi, (Rome) *Lux* XI (2), 109-130.

-1971, Comment se pose aujourd'hui le problème du mariage. Bujumbura, *Au coeur de l'Afrique*, 1, 23-27.

NSAVYIMANA (T.) - 1975, Naissance d'un enfant, *QVS* 13, 13-25.

NTABONA (A.)- s.d., La solidarité familiale, Famille et mariage au Burundi, *Bureau d'évangélisation du Burundi* (Commission Valeurs Humaines).

NTAHOKAJA (J.B.) - 1941, La musique des Barundi, *Grands Lacs*, 64 (4-6), 45-49.

- 1966, Dynamique de l'art traditionnel Rundi, *Revue nationale d'éducation du Burundi* 3 (3), 7-11.

NTAHORUBURA (B.) - s.d., Bizokozo, *QVS* 18.

NTUYAHAGA (N.) - 1947, Au Burundi, le départ et la rentrée des vaches, *Grands Lacs*, 62 (8 avril), 23-32.

PERRANDIN (J.) - 1952a, Le culte des morts chez les anciens Barundi, *Missions*, 54-55.

- 1952b, Mort et funérailles chez les anciens Barundi, *Missions*, 54-55.

RABEYRIN (C.) - 1936, Comment ils mangent, *Grands Lacs*, 52 (5-6), 321-327.

RIJCKMANS (P.)- 1925, Notes sur les institutions, moeurs et coutumes de l'Urundi, Bruxelles, *Rapport sur l'administration Belge du Ruanda-Urundi*, 34-50.

RODEGEM (F.M.) - 1961, *Sagesse Kirundi, proverbes, dictons locutions, usités au Burundi*, Tervuren, Annales du musée royal du Congo Belge 34.

- 1962, *Patrimoine culturel Rundi, Le Rire et l'Humour* XI.

- 1965, *Savoir-vivre Rundi, Patrimoine Culturel Rundi,* III, *Vie Sociale individuelle.*

- 1966, Structures judiciaires traditionnelles au Burundi, *Revue juridique du Burundi* IV (1-18).

- 1967, *Précis de Grammaire Rundi*, Bruxelles-Gand. Editions Scientifiques, E. Story-Scientia.

- 1968, *Quelques amulettes du Burundi*, Tervuren.

- 1969-1970, Nangayivuza. Une secte syncrétique au Burundi, (Louvain) *Culture et développement* II (2).

- 1970a, *Dictionnaire Rundi-Français*, Tervuren.

- 1970b, *Essai d'onomastique rundi*, Bujumbura polycopie, 160 p.

- 1971a, *La Fête des prémices au Burundi*, Tervuren, Annales du Musée Royal de l'Afrique Centrale (Sciences humaines 72).

- 1971b, La motivation du culte initiatique au Burundi, *Anthropos*, 66, 863-930.

- 1971-1972, Un aspect du culte de la fécondité au Burundi, tiré d'*Africa* XVII.

- 1972, Un problème de terminologie : les locutions sentencieuses, *Cahiers de l'Institut de linguistique* I (5), 677-703.

- 1973a, *Anthologie Rundi*, Paris, A. Colin.

- 1973b, De l'humour, *Le langage et l'homme*, 22 (juin)

- 1974, Ainsi parlait Samandari, *Anthropos* 69, 753-835.

RURAGARAGAZA (S.) - 1970a, La découverte du "moi" dans la psychopédagogie Kirundi, *Unité et Révolution*, (Journal Bujumbura), 30 Avril.

- 1970b, La psychologie Murundi, *Unité et Révolution* (journal Bujumbura), 15 juillet.

- 1971, *Séminaire des directrices provinciales des foyers sociaux* (tenu au C.C.D. du 15 au 23 février en Prov. de Gitega, Dép. de la promotion féminine).

SAMBUSHATSE - 1976, Aspects "religieux" de la vache dans le Burundi traditionel, *QVS* 26, 37-60.

SIMONS (E.) - 1944, Coutumes et Institutions des Barundi, (Elisabethville) *Bull. de juridictions indigènes et du droit coutumier congolais* 12 (sept.-oct.).

SMETS (G.) - 1946, The Structure of the Barundi Society, *Man* XLVI (janv.-fév.) 12-16.

STANFORD (A.) - 1974, *La maison au Burundi* (Mémoire) Paris, Inst. Catholique.

- 1975, *L'image du corps humain dans la maison au Burundi,* Paris, SELAF (TO 14).

THIENPONT (D.) et VANDERNELDEN (M.) - 1961, Coutumes du Ruanda-Urundi au sujet des viandes, (Tervuren) *Africa* VII (1).

TROUWBORST (A.A.) - 1970, *Burundi, ethnologie et culture africaine* (août, déc. 1968/ BMS, RO/SHC), Paris (mars).

- 1965, Kingship and geographical mobility in Burundi, *Inst. J. Comp. Social* 6 (1 - mars), 166-182.

- 1959, La mobilité de l'individu en fonction de l'organisation politique des Barundi, *Zaïre* XII (8), 787-800.

d'HERTEFELT, TROUWBORST (A.A.) et SCHERER (J.H.) - 1962, *Anciens royaumes de la zone interlacustre méridionale Twanda-Burundi Baha,* Tervuren, MRAC (Monographies ethnographiques 6).

VAN BULCK (G.) - 1957, La dialectique des Barundi, *Zaïre* XI (9-10) 1021-1029.

VAN DER BURGT - 1903, *Un grand peuple de l'Afrique Equatoriale (les Barundi)* Bois le Duc (Hollande).

- 1905, *Dictionnaire Français-Kirundi* Bois le Duc (Hollande).

VANSINA (J.) - 1072, *La légende du passé; traditions orales du Burundi,* Tervuren - Univ. of Wisconsin, MRAC (Archives d'Anthropologie 16).

VEKEMANS (R.P.) - 1974, *Burundi traditionnel aperçu sur les relations familiales,* juin, Muyango.

VINCENT (M.) - 1954, *L'enfant au Ruanda-Urundi*, Inst. royal colon. Belge, Sciences naturelles, mémoire in-8°, Tome XXIII, fasc. 6 et dernier, Bruxelles.

ZUURE (B.) - 1926, Imâna, le dieu des Barundi, *Anthropos* XXI, 344-354.

- 1929, Croyances et pratiques religieuses des Barundi, (Bruxelles) *L'Esorial.*

- 1932a, *L'Ame du Murundi*, Paris, Beauchesne, 320 p.

- 1932b, Poésie chez les Barundi, *Africa* 5 (3), 344-354.

- 1948, Les croyances des Barundi révélées par leurs contes, *Grands Lacs* 64 (7), 11-14.

- 1948-1949a, Ce qu'ils croient, *Grands Lacs* 64 (4-5-6), 30-35.

- 1948-1949b, Les croyances de l'Urundi révélées par les usages et les pratiques, *Grands Lacs* 64, pp. 66-69.

RWANDA

BOUCHARLAT (A.) - 1975, *Le Commencement de la Sagesse, Structures et fonctions des devinette au Rwanda,* Paris, SELAF TO 14).

***- 1936, "Bwiza. La beauté", conte du Rwanda, *Grands Lacs* 5 (11-12), 15-17.

- 1956, "Pourquoi il est défendu aux femmes de porter les armes", texte recueilli et traduit par l'abbé Alexis Kagame, *Echange* XXVI, 2.

COUPEZ (A.) - s.d., Le Panthéon des imanu, Heil un macht. Approches du sacré. *Anthropos* 22, 76-97.

COUPEZ (A.) KAMANZI (Th.) - 1962, *Récits historiques Rwanda dans la version de C. Gakaniisha*, Tervuren, Musée Royal de l'Afrique Centrale.

DION (G.M.) - 1971, *Devinettes du Rwanda ibisokuzo*, Rwanda Butare, éd. Ucicodu.

GASARABWE (E.) - 1971, *Aspects de l'Univers mystique des Rwandais au temps de la royauté dejginya. Le partage de l'espace* (Thèse de 3ème Ecole Pratique des Hautes Etudes)

HAZARD (J.) - 1971, *La quête de l'Imaana dans le monde banturwandais préchrétien,* Paris, Institut des sciences et des théologies des religions.

KAGAME (A.) - 1954, *Les organisations socio-familiales de l'ancien Rwanda*, Bruxelles, Académie royale des sciences coloniales Sciences morales et politiques, XXXVIII - 3).

- 1956, *La philosophie Baru-rwandaise de l'être*, Bruxelles, Académie Royale de Sciences Coloniales, (Sciences morales et politiques VI - 1, 64 p.; XII - 1, 448 p.)

MAQUET (E.) - 1954, Au Rwanda une vannerie spirale à brin roulé et montants verticaux passifs, *Anthropologie* 1-2, 86-88, ill.

MAQUET (J.J.) - 1954, *Le système des relations sociales dans le Rwanda ancien,* Tervuren, Annales du Musée Royal du Congo Belge (Sciences de l'homme, Ethnologie, 1).

MAQUET et DE WILDE (R.) - 1957, Les tâches quotidiennes de la paysanne rwandaise, *La Femme et le Congo* 158 (6-9), ill.

DE MARNEFFE (S.G.) - s.d., *Vie féminine et vocation religieuse au Ruanda,* (Burundi), Bujumbura. Centre de recherches socio-religieuses, C.E.R.E.S.

NOTHOMB (D.) - 1965, *Un humanisme africain, valeurs et pierres d'attente,* Bruxelles, Lumen Vitae, 283 p.

PAGES (A.) - 1925, Au Ruanda sur les bords du Lac Kivou (Congo Belge), Mariage, *Anthropos* XX pp. 860-880.

- 1926, Cérémonie du mariage au Rwanda, *Congo* 1, 92-96.

- 1932, Cérémonie du mariage au Rwanda, *Congo* 1, 645-663.

- 1934a, Rwanda Belge, Cérémonies qui entourent la naissance d'un enfant et la réclusion de la mère, *Congo* II (2), 205-226.

- 1934b, La vie intellectuelle des noirs du Ruanda chants nuptiaux, *Congo* 1, 657-671.

- 1947, Proverbes et sentences du Ruanda, *Aequatoria* 10 (3), 81-85; (4), 144-150; 11 (3), 81-86.

PAUWELS (M.) - 1946-47, Coutumes au Ruanda, *Grands Lacs*, 62 (7), 25-30 (361-366).

- 1948-49, Au Ruanda quand et comment mangent-il, *Grands Lacs* 64 (2), 51.

- 1951, Fiancée et jeune mariée au Ruanda, (Bruxelles) *Zaïre* 2, 115-135.

- 1952, Les couleurs et les dessins au Ruanda, *Anthropos* 47, 474-482, ill.

- 1953, Usages funèbres au Ruanda, *Anthropos* 48, 30-43.

- 1958, *Imana et le culte des mânes au Rwanda,* Bruxelles, Acad. royale des Sciences Colon. (Sciences morales et politiques XVII - 1).

SMITH (P.) - s.d., La lance d'une jeune fille (mythe et poésie au Rwanda), *Echanges et communications* (Mélanges offerts à C. LEVI-STRAUSS à l'occasion de son 60ème anniversaire, réunis par J. POUILLON et P. MARANDA), Paris, Mouton, pp. 1381-1408.

- 1966, *Revue juridique (Droit écrit et coutumier) du Rwanda et du Burundi,* Bruxelles.

- 1975, *Le récit populaire au Rwanda,* Paris, EHESS.

VAN HOWE (J.) - 1941, *Essai de droit coutumier du Ruanda*, Bruxelles, Inst. royal Colonial Belge, (Sciences morales et politiques X - 1).

WALRAET (M.) - 1966, *Les sciences au Ruanda, Bibliographie* Bruxelles, Académie Royale des Sciences d'Outre-Mer (Sciences morales et politiques XXXIV-5).

WHYMS - 1950, L'éducation de la femme indigène au Ruanda, *Servir* 2, pp. 79-81.

RWANDA-BURUNDI

BOURGEOIS (R.) - 1954, *Banyarwanda et Barundi, II : La Coutume,* Bruxelles, Institut Royal Colonial Belge (Sciences morales et politiques, XXXV).

- 1956, *Banyarwanda et Barundi, III, Religion et magie,* Bruxelles, Académie Royale des Sciences Coloniales (Sciences morales et politiques IV, fasc., 2 et dernier (ethnographie).

- 1957, *Banyarwanda et Barundi, I : Ethnographie*, Bruxelles, Académie Royale des Sciences Coloniales, (Sc. morales et politiques XV).

CAMUS (C.) - 1924, Le Ruanda et l'Urundi, *B.S.R.B.C.* 1923, 112-128. Voir aussi *Congo* I, 105-111.

d'HERTEFELT, TROUWBORST (A.A.) - 1962, *Anciens royaumes de la zone interlacustre méridionale Rwanda-Burundi Baha*, Tervuren, Musée Royal de l'Afrique Centrale (Monographies ethnographiques 6).

DE HEUSCH (L.) - 1966, *Le Rwanda et la civilisation interlacustre,* Bruxelles, 291-294.

GUILLAUME (H.) - 1956, Les populations du Ruanda et de l'Urundi, *Les Naturalistes Belges* 109-153.

KAGAME (A.) - 1957, Le pluralisme ethnique et culturel dans le Rwanda-Urundi, Lisbonne, *INCIDI* (XXX° session), 268-293.

Marie-André DU SACRE (C.), (S.) - 1956, *Civilisations en marche. L'évolution de la femme en Uganda, au Congo belge et au Ruanda-Urundi,* Paris, Grasset 252 p.

Marie-Elisabeth (mère) - 1951-1953, La musique et l'éducation sociale au Ruanda-Urundi, *XXI° semaine de Musicologie*, Louvain, 128-141.

LE MARCHAND (R.) - 1970, *Rwanda et Burundi*, Pall Mall Press Ltd.

MINEUR (G.) - 1948, La jurisprudence des tribunaux indigènes et son influence sur l'évolution du droit coutumier, *Bull. Jurisprud. Indig. du Ruanda-Urundi* 6, 339-341.

NTABONA (A.) - 1965, La dot au Rwanda et au Burundi, *Lux* XI (2), 78-103.

RODHIUS (G.) - 1955, The Evaluation of the Native Woman in the Belgiam Congo and Ruanda Urundi, *African Woman* I (3), 73-74.

DE SOUSBERGHE (L.) - 1965, Cousins croisés et descendants : les systèmes du Rwanda et du Burundi comparés à ceux du Bas Congo, *Africa* (Journal of the International African Institute) XXXV (4), 396-421.

VINCENT (M.) - 1954, *L'enfant au Ruanda Urundi*, Bruxelles, Inst. Royal Colonial Belge (Sciences Natur. et méd. XXIII-6).

MAISON

BOURDIEU (P.) - 1970, La maison kabyle ou le monde renversé, *Echanges et communications.* (Mélanges offerts a C. LEVI-STRAUSS) The Hague - Paris, Mouton, 739-758.

CALAME-GRIAULE (G.) - 1955, Notes sur l'habitation du plateau central nigérien, *Bull. de F.A.P.*, XVII (B, 3-4).

FEDRY (J.) - 1975, *L'expérience du corps comme structure du langage (Essai sur la langue Sar-Tchad)*, Sahr, Collège Charles Iwanga, Publications du Centre d'Etudes Linguistiques.

GRIAULE (M.) - 1949, L'image du monde au Soudan, *Journal de la Société des Africanistes* XIX, 81-88.

GARDI (R.) - 1974, *Maisons africaines,* Paris-Bruxelles, Elsener-Sequoia.

ZAHAN (D.) - 1950, L'habitation Mossi. *Bulletin de l'Institut français d'Afrique Noire* XII (1).

FEMMES

ATANGANA (N.) - 1957, La femme africaine dans la société, Paris, *Présence Africaine* XIII (13-15), 133-142.

BRIFFAULT (Rob.) - 1927, *The Mothers*, London, G. Allen and Unwin, Ltd. N.Y., The Macmillan Co.

- 1970, Accès des femmes à l'éducation (Genève) *Bulletin du Bureau International de l'éducation* 44 (1er trim., 174).

***- 1966, *La femme africaine face à sa mission*, Fascicule à Bujumbura, 4-10 Août.

DRIBERG (J.H.) - 1932, The status of Woman among the Nilotics and Nilo-Hamitics, *Africa* V, 404-420.

Marie-André DU SACRE (C.) - 1939a, *La femme noire en Afrique Occidentale*, Paris, Payot.

- 1939b, La mère et l'enfant en Afrique Occidentale Francophone. *L'Ethnographie* 37 (15 juillet), 71-82.

- 1945-55, L'éducation de la femme africaine, *Semaine de Missiologie*, XXIV (25), 44-62.

- 1956, *Civilisations en marche, L'évolution de la femme en Uganda, au Congo Belge et au Rwanda Urundi*, Paris, Grasset, 252 p.

MEEUS (M.J.) - 1967, *La femme africaine et le développement de son pays*, Inst. International de Recherche et de Formation en vue du Développement Marmonisé.

MUHRIWA (A.) - 1946, Une fille peut-elle hériter au même titre que ses frères? *Servir* 1, 41-42.

PAULME (D.) - 1960, *Femmes d'Afrique Noire*, Paris-La Haye, Mouton.

GENERAL

BALANDIER (G.) - 1974, *Anthropo-Logiques*, Paris, P.U.F.

BELMONT (M.) - 1971, *Les signes de la naissance*, Paris, Plon.

BOULNAIS (J.) - 1945, La mystique de la fécondité et la symbolique de l'arbre du serpent, de la pierre... dans le monde noir, Dakar, *Bull. Institut Français d'Afrique Noire* VII (1-4), 115-147.

BOURDIEU (P.) - 1972, *Esquisse d'une théorie de la pratique*, Genève, Librairie Droz.

CAILLOIS (R.) - 1939, *L'homme et le sacré*, Paris, Gallimard.

CALAME-GRIAULE (G.) - 1963, L'art de la parole dans la culture africaine, *Présence Africaine*, 3ème trim.

- 1967, Essai d'étude stylistique d'un texte dogon, *Journal of West Afriwan Languages* W.I. 15-24.

- 1974, *Le thème de l'arbre dans les Contes*, SELAF (Bibliothèque 42-43).

ELIADE (M.) - 1952, *Images et symboles*, Paris, Gallimard.

HERSHOVITS (M.J.) - 1939, *Les bases de l'anthropologie culturelle*, Paris, Payot (traduction de *Man and his works*) The Science of Cultural Anthropology, N.Y., Alfred A. Knopf.

LUNEAU (R.) - 1974, *Les chemins de la Noce. La femme et le mariage dans la société rurale au Mali* (Thèse Univers. de Paris V 20 juin).

MAQUET (J.J.) - 1967, *Africanité traditionnelle et moderne,* Paris V, Présence africaine, pp. 69-70.

Marie-André DU SACRE (C.) - 1948, Le mystère de la mort en Afrique Noire, *Rythmes du Monde* 4, 17-25.

OMBREDANE (A.) - 1954, *L'exploration de la mortalité des noirs Congolais au moyen d'une épreuve projective,* Bruxelles, Inst. Royal Colonial Belge.

DE SOUSBERGHE (L.) - 1955, L'étude du droit coutumier indigène, méthodes et obstacles, *Zaïre* IX (4), 339-358.

TARDITS (C.) - 1974, Prix de la femme et mariage entre cousins croisés : le cas des Bembu d'Afrique Centrale, *L'homme* XIV (2).

TEMPELS (P.) - 1949, *La philosophie bantoue,* Paris, Présence africaine.

TURNER (V.W.) - 1968, *The drums of affliction, a study of religious processus among the dembu of Zambia,* Oxford, Clarendon Presses Oxford and the International African Institute.

VANSINA (J.) - 1961, *De la tradition orale,* Ann. Musée Royal de l'Afrique Centrale (36-X), 179 p.

ZAHAN (D.) - 1973, *La dialectique du Verbe, chez les Bambara,* Paris, Mouton.

ETHNOLOGIE

CALAME-GRIAULE (G.) - 1961, *Ethnologie et Langage,* Paris, Gallimard (Bibliothèque des Sciences Humaines).

DE CLEENE (N.) - 1969, *Ethnographie et Ethnologie,* L.B.I., 153-176.

- 1957, *Introduction à l'ethnographie du Congo Belge et du Ruanda-Urundi,* Bibliothèque Kongo-Overzee.

DE HEUSCH (L.) - 1958, *Essai sur le symbolisme de l'inceste royal en Afrique,* Univ. de Bruxelles, Inst. Social Solvay.

DE LUZ (A.) - 1970, *Organisation sociale et tradition orale (les Guro de Côte d'Ivoire), Cahiers de l'homme,* Paris, Mouton and Co.

GRIAULE (M.) - 1966, *Dieu d'Eau,* Paris, Fayard.

LEVI-STRAUSS (C.) - 1945, L'analyse structurelle en linguistique et en anthropologie, *Word* I, II (Août).

- 1949, *Les structures élémentaires de la parenté,* Paris, PUF.

- 1958, *Anthropologie structurale,* Paris, Plon.

RADCLIFFE-BROWN, FORDE, DARYLL - 1950, *African Ssytems of Kinship and Marriage,* Londres, I.A.I.

SCHUMACHER (P.) - 1948, La fillette exposée dans la cîme de l'arbre (légende), *Aequatoria* 4, 143-146.

DE SOUSBERGHE (L.) - 1955, *Structure de parenté et d'alliance d'après les formules Pende (ba-Pende Congo Belge),* Bruxelles, Académie Royale des Sciences Coloniales.

- 1965, Cousins croisés et descendants; les systèmes du Ruanda et du Burundi comparés à ceux du Bas Congo, *Africa,* (Journal of the International African Institute) XXV (Oct. 4), 396-421.

VAN BULCK (G.) - 1959, *Les éléments culturels propres aux tribus de pasteurs en Afrique d'après leur style oral* (Congrès international des sciences anthropologiques et ethnologiques, Copenhague, Etude comparative des styles oraux des Banyrwanda et Barundi, A.R.S.C.), Bruxelles, 241-242.

LINGUISTIQUE

ANGENOT (Y.) - 1970, *Un mot pour jeune fille en Bantou,* Tervuren, Annales du Musée royal de l'Afrique Centrale (Sciences humaines 68).

BAGEIN (P.) - 1951, *Petite Grammaire Kirundi,* Usumbura, Les Presses Lavigerie.

BENVENISTE (E.) - 1969, *Le vocabulaire des institutions indo-européennes,* Paris, Les éditions de Minuit.

COUPEZ (A.) et COX (B.E.) - 1959, *Etudes sur la langue Luba,* Tervuren. *Kirundi - lessons - 1-125,* S.D.S.L.

DAVIS (M.B.) - 1938, *Lanyoro-Lunyankole-English and English-Lanyoro-Lunyankole Dictionary,* Kampala.

GUTHRIE (M.) - 1967a, *The classification of the Bantu Languages,* London, African Institute, Dawsons.

- 1967b, *Comparative Bantu,* London, Gregg.

HOMBURGER (I.) - 1929, *Noms des parties du corps dans les langues négro-africaines.* Paris, Champion.

MEEUSSEN (A.E.) - 1952, *Notes de grammaire rundi,* Tervuren, Musée Royal du Congo Belge.

- 1959, *Essai de grammaire rundi,* Tervuren, Musée Royal du Congo Belge.

- 1969, *Bantu Lexical Reconstructions,* Tervuren.

MIONI (A.) - 1978, *Problèmes de linguistique, d'orthographe et de coordination culturelle du Burundi,* Napoli, Instituto Universatario Orientale, 71 p.

MURRAY (J.D.) - 1972, *Lugenda-English Dictionnary,* Nahington, 651 p.

RODEGEM (F.M.) - 1967, *Précis de Grammaire Rundi,* Bruxelles - Gand, Editions scientifiques E. Story Scientia.

- 1970, *Dictionnaire Rundi-Français,* Tervuren.

- 1972, Un problème de terminologie; les locutions sentencieuses, *Cahiers de l'Inst. de linguistique* 1 (5), 677-703.

TAYLOR (C.) - 1959, *A simplified Runyankore-Rukiga-English dictionary,* Kampala.

VAN DER BURGT (J.M.) - 1903, *Dictionnaire Français-Kirundi,* Bois-le-Duc (Holland).

CONTES

BOYAYO (A.) - 1972, *Anthropologie des Contes et Légendes,* Buyumbura.

BESSANOFF (Mamtdha) - 1973, De la difficulté d'être une belle fille, Le conte de la brue sensée. *Etudes Mongoles* 4 (Paris X, Nanterre).

PROPP (V.) - 1965-1970, *Morphologie du Conte* (Traduction de Marguerite Berrida, Tzvetan Todorov et Claude Kahn, *Poétique*), Paris, Seuil.

RUELLAND (S.) - 1073, *La fille sans mains. Analyse de 19 versions africaines du conte type 706,* Paris, SELAF (Bibliothèque 39-40).

THOMAS (J.M.C.) - 1970, *Contes, proverbes, devinettes et énigmes, chants et prières ngbaka-ma'bo (République Centrafricaine)*, Paris, Klincksieck, pp. 648-669).

PSYCHOLOGIE

FREUD (S.) - 1965, *The interpretation of dreams* N.Y., Avon (Discus)

- 1974, *The sexual enlightenment of children,* N.Y. Collier.

JUNG (C.G.) - 1969, *Man and his symbole*, N.Y., Double day, p. 78.

MUCCHIELLI (R.) - 1964, *La personnalité de l'enfant,* Editions sociales françaises.

TABLE DES MATIERES

Achevé d'imprimer le 23 décembre 1982
sur les presses de la SELAF à Paris
5, rue de Marseille - 75010 Paris (France)